お見合い35回にうんざりして
アメリカに家出して
僧侶になって帰ってきました。

英月

幻冬舎

はじめに

京都の町の真ん中にある小さなお寺、大行寺《だいぎょうじ》の住職をしております、英月《えいげつ》です。お寺と聞くと、伽藍《がらん》やお庭、そして仏像を思い浮かべる方も多いと思います。大行寺の御本尊は、国の重要文化財。鎌倉時代の仏師、快慶さんの阿弥陀さまです。けれどもお寺は美術館ではありません。それらは、目に見えない教えが形になったにすぎないのです。では、教えとは？

私自身、その教えに出遇《であ》うこともないまま、もっといえば、必要性も感じないまま、教えを護り伝えているお寺から逃げ出しました。二九歳のことです。しかし人生とは面白いもので、逃げた先のアメリカで仏教に出遇い直しました。まさか！　の展開。ではその結果どうなったのか？　と、その前に、事の始まりのお話を少しばかり。

当時、短大を卒業し、都市銀行の本部で働いていた私。バブルは弾けた後でしたが、お給料や福利厚生にも恵まれ、年に数回の長期休暇もありました。休暇は海外へ。食べて、買い物して、ボーナスも貯金も、すっからかん。それでも翌月には、またお給料が振り込まれる。半年に一度はボーナスも入ると、お気楽なものです。

余談ですが、それから数年後。当時住んでいたアメリカから日本に一時帰国した時に、たまたま机の引き出しからクレジットカードの利用控えを見つけたことがありました。四日間の香港旅行で一〇〇万円の買い物をしていた記録です。見た瞬間、差し込むような強烈な痛みを胃に感じ、その後、胃の不快感は数日続きました。それだけではありません。当時の私はアメリカで極貧生活を送っていたので、このお金があれば一年は無理でも、半年は余裕でゆっくり暮らせる。そう思うと、過去の自分を本気で軽蔑し憎悪しました。

近い将来にそんな思いをするとは露知らず、銀行勤めの頃の私は、江戸っ子でもないのに、宵越しの銭は持たねぇ！　との勢いで、せっせとお買い物。毎月の給料から食費こそ実家に入れていましたが、残りは全て自由にできるお金です。普段はファストファッション一辺倒の今から考えると狂気の沙汰ですが、軽く一〇万円を超えるカール・ラガーフェルドのスーツやワンピースで通勤していました。アホかいな、です。虚栄心の強さが、悲しくも滑稽です。と言いましたが、当時の服が今も大量に、屋根裏に眠っています。今となっては二束三文。せめてボタンだけでも取っておこうか？　とケチくさいことを考えますが、そうはいっても大枚をはたいて買ったもの。しかしこの先、着ることもない服を大事に残しているのは、何に対しての執着か？　と思います。

　さてさて、そんなこんなの銀行員生活。あまり美しい言葉ではありませんが、私は絵に描いたようなアホバカＯＬでした。身の丈に合わない消費活動に走り、仕事はまぁまぁ、というか最低限。けれども権利だけは、一人前以上に要求。銀行なので、その日の勘定が合うまで帰れませんでしたが、それでも仕事帰りに、キタへミナミへと連日のように繰り出していました。下戸《げこ》なのに。

　そんなＯＬ生活も、何年目のことだったでしょうか。上司に言われた言葉が、今も鮮明に思い出されます。

「君を見ていると腹が立つ」

　いきなりの言葉に驚いていると、「どうして、できないフリをする？」と続きました。正直、ドキッとしました。意識的に手を抜いていたのは紛れもない事実だったからです。お主デキるな、見る目があるなと、生意気にも上司に対して心の中で小さく拍手。そんな私の気持ちをよそに、「やればできるのに、わざとしない姿を見ているのは腹が立つ！」

と、トドメの一撃。

それに対して心の中で、「アホかいな。同じ給料なのに全力で働くなんてバカバカしい」とうそぶき、表面上は何をおっしゃるうさぎさんと、笑顔で受け流した私。銀行で出世しようなどという野望もなく、そもそも一般職の私に求められているのは、そこそこの仕事。そう勝手に思いこんでいた私は、上司の評価に一喜一憂することもありませんでした。よしんば評価されても、給料が劇的にあがるわけでもない。労多クシテ益少ナシ。だったらアホバカOLでお気楽に働き、得られる恩恵、福利厚生などを徹底的に享受した方がオトクだとソロバンを弾いたのです。仕事ができないお気楽OLで結構。そう信じて疑いませんでした。

二〇年以上の時を経て思い返してみると、なんて恵まれていたのかと思います。しかし、当時はそんな思いは爪の先ほどもなく、文句ばっかりぶーぶーと。おまけに正々堂々の手抜き発言。結局のところ、したいことなどなかったのです。

きっと、どこかに私の天職がある。私が輝ける場所がある。私を包む環境を変えることによって、現状を打破しよう。それは天職という名の逃げ場探しです。そうして仮に何かを見つけたとしても、ここではないどこかは永遠にどこかのままです。

けれども、その真っただ中にいる時には、それがわかりません。大真面目に、そして必死に、どこかを探し続けるのです。例にもれず、私もそうでした。

旅行が好きだから添乗員になろうと安易に考え、資格が必要だからと、添乗員の派遣会社に登録。講習を受け、実地訓練の名のもとにツアーの添乗にも出ました。銀行の就業規則で副業が禁じられているにもかかわらず、です。

添乗に出たのは日帰りバスツアーに数回でしたが、知り合いに会ったらどうしようと、ドキドキしながら関西の観光地を回っていました。と同時に、何をしているのだ？　との思いが拭えませんでした。なぜなら、実際に転職をするのかといえば、二の足を踏んでしまうからです。正直なところ、銀行で働くことによって得られる収入や福利厚生と、その他の仕事で得られるそれらを比べた時、辞める理由が見つからなかったのです。

旅行が好きなら、勝手に自分で行けばいいのです。それだけのこと。それはアタマではわかるのですが、逃げ癖がついた思考はなかなかそうはいきません。仕事で辛いことがあったり、行き詰まり感を覚えたりすると、ここではないどこかを求める思いが頭をもたげます。本当は痛いほど、わかっていたのです。

ハッキリ言って、就職試験に合格できた理由がわかりません。紛れこむには大きな身体で、紛れこむことのできた幸運。自分の実力を考えた時、今後どれだけ高い下駄を履かせてもらったとしても、これ以上の企業に就職することはムリでしょう。だったら、この幸運を死守するのが得策であり、至極当然なこと。それでなくても、お気楽ＯＬ道を貫いたため、上司の覚えも決していいとは思えません。逃げ場を探す前に、褌《ふんどし》を締め直し、ここで踏ん張ろうではないか！　と考えるのが普通でしょう。

でも、違うんです。空しかったのです。私は、ただ、ただ、空しかったのです。世間的には、素晴らしい勤務先です。それは、そこで働いていた私が一番よく知っています。それだけではありません。働くにあたり考えられる条件の多くが、満たされた職場でした。けれども、だからといって、私の心が満たされるのとは別問題でした。

そんな私を見て、母は「足るを知らない」と言いました。おっしゃる通りです。こうして書いていると、私自身は当時の感情が思い出され、閉塞感に似た重苦しさを感じ、辛さがよみがえります。と同時に、客観的な視点を持って思い返すと、なぜ？　とも思います。自分自身のことですが、何が空しかったのか。母の言葉ではないですが、足るを知らなかったのではないかと。

当時私が抱えていた、いえ、包まれ、息苦しさを覚えていた、空しさ。

それは、何のためにに生きているのか、ということでした。

今ならわかります。仕事に対して空しさを感じていたのではない、と。仕事ではなく、仕事に対する私の向き合い方に空しさを感じていたのです。だから添乗員という違う仕事をしても、同じことだったのです。問題は仕事ではなく、私自身だったから。

多くの先輩がそうであったように、結婚相手を探すために就職したのでも、お金を貯めるために働いているのでもなかった私には、働く意義がありませんでした。何のために働くのか。ひいてはそれは、何のために生きているのかに繋がります。

世間一般の常識とされる人生の流れに則って、学校を卒業したから就職したにすぎなかったのです。もちろん、霞を食って生きてはいけないので、働いて得られるお金も大事でした。けれども実家暮らしの私に、経済的な危機感があったとはいえません。

勝手な言い草ですが、一流企業といわれるところに就職してしまったことが、手枷足枷《てかせあしかせ》になったと思いました。これが世間も認めるブラック企業なら、大手を振って辞められる。あわよくば、友人知人、家族親類縁者に至るまで、大変だったねと慰めてくれるかもしれません。そして私自身、職場に未練も執着も起きることなく、爽やかに辞職できる。

たまさか、いいところに就職してしまったので、辞めるとなると周りの人たちが疑問に思う。なぜあんなにいい会社を辞めたのと。そして私自身も、いざとなると未練や執着が出てきて辞める決心がつかない。しかし、どうしてそこまでして他の道を探していたのか。そのために就業規則を破ってまで、添乗員として働いたのか。

アタマでは色々なことがわかっていました。ここではないどこかを探していること、なのにソロバンを弾いて、自分の損得を考え、銀行を辞めるつもりはないこと。わかっていても、それでも動かずにいられなかったのです。動き、行動している時だけ、空しさを忘れることができたから。目的を手に入れるために動くのではなく、動くこと自体が目的になっていたのです。そうでないと、空しさに押し潰されてしまう。身体的な忙しさで、心の空しさから目をそらしていただけだったのです。

ちょうどその頃、お見合いのご縁をたくさんいただきました。しかし、度重なるお見合いがストレスとなり、一時的に聴力を失った私は、アメリカに逃亡。そして、様々な出会いを通して、仏教に出遇い直すことになったのです。

では、教えに出遇った結果、どうなったのか？

結論を言っちゃうと、自分らしく生きることができるようになりました。では、何をもって「自分らしく」なのでしょうか？

私が私として生きることができる。言葉を変えると、問題を解決して救われるのではなく、問題を抱えたままの私、ダメダメな私のままで救われていくという道が開かれたのです。

そんな私のお話。過去の私がそうであったように、人生に行き詰まりを感じておられる方の心が、少しでも軽くなることを願って、綴《つづ》っていきます。あなたのために、そして、過去の私のために。

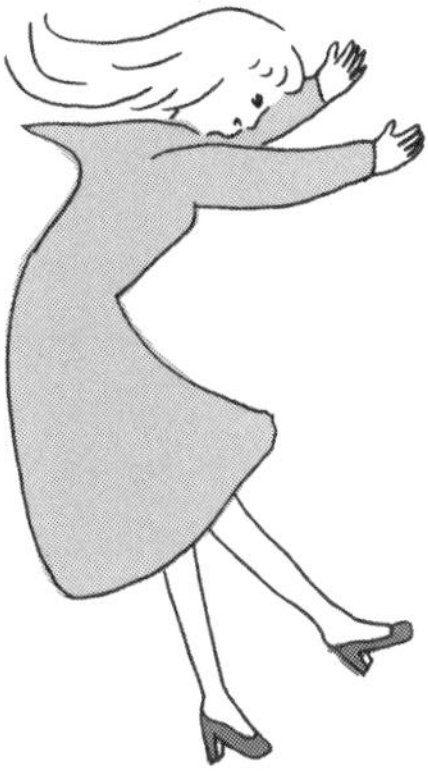

ブックデザイン　芥　陽子
イラスト　上路ナオ子

お見合い35回にうんざりしてアメリカに家出して僧侶になって帰ってきました。

目次

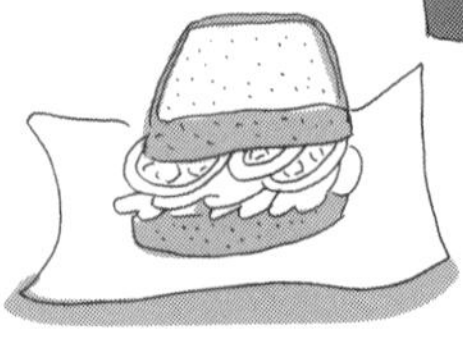

CLEANERS
COINLAUNDRY

why
why
why
why
why
why
why
why
why
why
why
why

第一章

地獄

ここではないどこかへ

アメリカはサンフランシスコ国際空港に降り立ったのは二九歳の春でした。両親を、「バケーションに行く、たぶん半年くらい。長くても一年を超えることはない」と言いくるめて出てきましたが、日本に帰る気はさらさらありませんでした。

スーツケース二つと、小さな段ボール箱。そこに服などの日用品から、お気に入りの本やCD、小さなアルバムにまとめた写真、そして万が一の時には売って凌《しの》ごうと目論んだ貴金属。なけなしの預金は外資系銀行に移し、アメリカのATMからいつでも引き出せるようにしました。その銀行のキャッシュカードとクレジットカード、そしてわずかな現金。ちなみに、銀行口座には一〇〇万円ちょっと。たったそれだけで、新しい場所で衣食住を賄《まかな》い、生活を始めようとした私。

無計画というより、無鉄砲。ええ歳して、何を考えたはるん？　我が事ながら心配になります。が、何も考えてなどいなかったのです。目的があって渡米をしたのではなく、日本から、京都から、自分の置かれている環境から逃げ出すことが、目的だったのです。では、そこまで私を追い込んだのは何か？　それが、お見合いだったのです。

地獄のお見合い生活、幕開け

唐突ですが、おっきいです私。身長一七三センチ、体重は……。まぁ、いいじゃないですか。一〇年近いアメリカ生活で上に四センチ、横に一〇キロ成長しました。今も高値安定で、現状維持ですが、要は昔から大きかったのです。そんな私を見て、母が言いました。

「あなたは可愛くもない、賢くもない、おまけに背も高い」

身内というのは言葉に遠慮がないですね。おっしゃることが、至極ごもっとも。ぐうの音も出ない私に、母は言葉を続けます。

「あなたにある唯一の取り柄は、若さです。その若さがあるうちに結婚しなさい」

その一言で、お見合いが始まりました。二〇歳になるかならないかの時のことです。

最初のお見合い会場は、大阪のヒルトンホテル。相手の方はお寺さん。釣書といわれる履歴書のようなものと写真の交換も既に済み、後は会うだけというお見合いの日。私は朝からふてくされていました。行きたくなかったのです。相手の方に不満があったのではありません。事ここに至って、やっぱり嫌だと。他人に人生を決められることが、耐え難くなったのです。ちなみにここでいう他人とは、血の繋がった両親です。

しかし、お見合い当日のドタキャンなど許されるはずもなく、両親に両脇を挟まれるようにして阪急電車に乗せられ、梅田へと連れて行かれました。そうして着いたヒルトンホテル。吹き抜けのロビーには、壁一面のガラス窓から初秋の日の光が眩しいほどに差し込んでいます。が、私の心は冬の日本海。気持ちはどんより、足取りは豪雪地帯を進むかのよう。もう、無理。これ以上、進めない。私にかまわず、先に行って！　と言いたいが、私が行かなきゃお見合いは始まらない。しかし、やっぱり嫌だ！

そこで私は両親に言いました。「お手洗いに行って参ります」。そう言って、エスカレーターで地下にあるお手洗いに行くと見せかけ、そのままトンズラしました。

逃げたはいいが、所詮、思い付きの行動。逃げ場もなければ、一生、逃げ続けるワケにもいきません。まずは、落ち着け自分と、近くにあったカフェに入りましたが、心はザワザワしたままです。お見合い相手の方や、その方のご両親に対する申し訳ないという気持ち。お仲人さんにも、申し訳ない。皆さん、何の落ち度もないのです。そして娘に顔を潰された両親にも申し訳ない。と、思いつつも、ロビーに戻ることも、かといって、絶対に見つからないようにと、はるか遠くに行くこともできず、カフェの席で固まっていました。

そんな中途半端な逃げ方だったため、結局小一時間で両親に見つかり、連れ戻されるハメに。

その後も、お見合いのお話はたくさんいただきました。よく勘違いをされるのですが、大行寺を継ぐためにお見合いをしていたのではありません。寺には跡取りとなる四歳下の弟がいたので、私の嫁入り先探しとしてお見合いをしていたにすぎないのです。相手の方の業種がお寺に絞られていたのは、親戚のほとんどが寺なので、同じ業界の方がいいだろうという親の思いでした。

では一回目のお見合いで逃げ出したのに、どうしてお見合いが続いたのか？

それは偏《ひとえ》に、私の思いこみのなせる業でした。両親も、そのまた両親もお見合い結婚。親戚もほとんどがそうだったので、進学するのに受験があるように、結婚の前にはお見合いをするものと、すっかり思いこんでいたのです。特に結婚願望があったわけではありません。学校を卒業すれば就職願望がなくても就職するように、就職したから、次は結婚。そして結婚はお見合いで。そこには願望も、もっといえば、深い思考もありませんでした。

なので、恋愛結婚は、ドラマや小説の世界の中のことだと思いこんでいました。親が受験勉強をしない子供を叱るように、結婚適齢期といわれる歳になった娘にお見合いをしろと言うのも、うっとうしいことですが仕方のないことだと諦めていました。

正直にいえば、下心もありました。どうせお見合いで結婚するんだから、条件で相手を選べばいいいと。けれども、いざお見合いとなると、嫌だと逃げ出す。アタマでは納得していても、やっぱり嫌だと断り続け、二五歳になった時です。母が言いました。

「唯一の取り柄だった若さも、もうなくなりました。早く結婚しなさい」

チーン。そうしてお見合いは続くのですが、皮肉なもので、その頃には「お見合い」＝「強制される」＝「苦痛」の式が出来上がり、それが刷りこまれ、嫌ありきのスタートになってしまっていたのです。それは相手の方にかかわらず、です。つまり、せっかくご縁をいただき、お会いしていても、その方にちゃんと向き合っていなかったのです。向き合いもせず、嫌だと断り続け、そして私が二八歳になった時です。

母がポロポロと涙をこぼしながら言いました。「何か恨みでもあるのですか」と。

「こんな歳にもなって結婚しない娘がいるのは家の恥。父や母を殺したいのですか」

ガーン。その頃、耳が聞こえなくなりました。

寺の近くの病院ではハッキリとしたことがわからず、大きな病院で色々な検査を受けました。その結果を聞きに行った時のことです。人のよさそうな若い先生は、周りに聞かれると私が恥ずかしい思いをすると配慮してくださったのか、声をひそめておっしゃいました。「僕の友達に、いい心療内科の先生がいるから紹介するよ」と。

つまり私の聴力には、まったく問題はなかったのです。どうしようもない思いがストレスとなり、聞こえないという症状となって表面化したにすぎなかったのです。事実、先生の言葉が聞こえたように、まったく聞こえなくなったわけではなかったのです。

その頃、両親との関係は最悪でした。今風にいえば、まさしく毒親。酷い親に当たってしまった。他の家の子に生まれたかった……、と。思考は「○○ちゃんのお母さんの方がいい！」と、ダダをこねる小学生。って、小学生に失礼ですね。

でも今になって思えば、自分の娘の器というものを、母なりに考えてくれていたのです。たいして可愛くもなく、賢くもなく、図体のデカイ娘は、若いうちに結婚した方がいい。それが娘の幸せだ、と。そしてその考えは正しく、親が子を思うのは正義だと。

一方、私にも私の正義がありました。たとえ親であっても、子どもの人生を決めないでほしい。私は、私の判断で、自分の人生を歩んでいく。それが私の幸せであり、正しいことだと。

つまり、「私は正しい！」というお互いの思いがぶつかっていたのです。正義と正義がぶつかり、争いが起こる。これは洋の東西を問わず、昔も今も変わらないこと。だから私は、その環境から逃げ出すようにして、家出をしたのです。って言ったら、恰好よすぎて、ちょっと恥ずかしい。

正直、アメリカまで家出をした直接の原因は、お見合いでした。お見合いを強要されることによって、耳が聞こえなくなるほど精神的に追い詰められたのも事実です。けれども、そのことによって、私の心の中であぶり出されてきたのは、「空しい」ということだったのです。

自分の人生は自分で決めたい

私が生まれ育った大行寺の御本尊は、鎌倉時代の仏師・快慶作の阿弥陀如来立像。国の重要文化財に指定されています。スゴイだろ〜と、自慢をしたけれど、実際は両親が公務員として働き、なんとか維持をしているような小さなお寺でした。が、お見合いのご縁をいただいたお寺さんの多くは、笑ってしまうほど大きなところばかり。中には学校を経営されている方なども。宗派を超えて、色々なお寺さんとご縁をいただきましたが、こんなことがありました。

京都の料亭、お庭には鹿威《ししおど》しがあって、カッコーンと音がする。そんな絵に描いたようなお見合いを経て、二人で会った時。何気ない会話の中で、「(結婚した後も)時々、月に一度でいいから、友人とお食事に行きたい」と言った私。わざわざ確認するような内容でもありませんが、相手の方は俯《うつむ》いて、思案顔。え？　何かヘンなこと言っちゃった？　五分くらいでしょうか、かなり長い沈黙の後に絞り出された言葉は、「その件については、父と相談させてください」。

………………。はぁ？「友達とごはんに行くだけなのにぃ〜！　ナゼにオオゴト？　てか、それくらい、自分の判断で決めてよ！」との言葉を、必死の思いで飲みこんだ私。が、そのお寺さんの嫁としての大事な仕事は、笑顔で来客をお迎えすること。「デパートの外商さんが来てくれるから、買い物も外に行かないでほしい」と言われ、さらに愕然。

こんなこともありました。お見合いをした数日後、相手のお寺さんの縁者の方が大行寺へ。お茶をお出しした私に向かって、「わかっておられると思いますが、男のお子さんを産んでくださいね」。その言葉に、ただ、ただ、衝撃。

笑顔で来客を迎え、男の子を産むことだけが私に求められていること。そう思うと、何のために結婚するのかと、空しくなったのです。

こんな方もおられました。お見合いをした後、何度かお会いし、その方のお寺に招かれた時のことです。応接間に通されると、銀の大きなトレーにたくさんのケーキを載せた年配の女性が現れました。その後、お見合い相手の方と廊下を歩いていると、また同じ女性に会います。こちらに向かって歩いていたその方は、私たちに気づくと歩くのをやめ、壁を背にし、両手を前で合わせ、目線を斜め下に落としました。軽く会釈したかのようにも見えましたが、その前に一瞬、笑顔もなく私を見た目が冷たかったのを今でも覚えています。

その方は、お手伝いさんのリーダーでした。リーダーという以上、配下のお手伝いさんたちがいるわけで、実際、そこでは多くの方が働いておられました。そのことで私を驚かせてもいけないと、先方のご配慮により、リーダー以外の方たちは隠されていたと後で聞かされました。もうねぇ、呆然です。ツッコミどころがありすぎて、結局何も言えませんでした。結婚したら、お手伝いさんのリーダーとの壮絶なバトルが始まるんだろうなぁ、と思ったり。

とはいえ、条件を考えたら、これ以上はないだろうと思われるような方たちばかりとのお見合いでした。下世話な話をすれば、あきらかにオトクで、お見合い相手としては松竹梅の特松！　くらいの方たちばかり。正直、もし私の友達からこんな話を聞かされたら、羨ましいと思ったかもしれません。けれども、当事者となると話は別です。

ただ、ただ、空しかったのです。それは、良い悪い、ではなく。得か損か、でもなく。相手の方のことを、好ましく思うか思わないか、でもなく。何のための結婚かと。

この先の人生、私は何のために生きるのか。そんな戯言《ざれごと》、贅沢を言っていると、お叱りを受けるかもしれません。けれども、たとえ経済的に心配することなく暮らせたとしても、寺から外に出られず、求められるのは愛想よく笑っていることと、男の子を産むことだけ。私はペットじゃないよ、と。まぁ、ペットにするには大きすぎますし、可愛げもイマイチですが。

私にとっては耐え難い空しさでしたが、所詮、私が言っていることは理想であって、自分の理想を押し通そうとするなんてワガママなことかもしれません。もっといえば、お尻の青い甘ちゃんなのかもしれません。お見合いを縁として、「私はどう生きるのか？」「どう生きたいのか？」に気づかされた私ですが、それはそれとして理想を端っこに押しやり、現実は現実だとソロバンを弾いて結婚すればよかったのです。グダグダとわかったような ことを言って、ワガママを言っているだけだと不快に思われたら、ゴメンなさいです。結局、アメリカに家出をしたのも、ワガママの延長線だったのかもしれません。まぁ、えらい気合いの入ったワガママですが。

This is a pen. でアメリカへ

アメリカに家出をした理由を一言でいってしまうと、「お見合いが嫌だった」ですが、その背景には色々なことがありました。色々なことというのは、言葉で表現できることと、言葉では表現できないことです。

たとえば耳が聞こえなくなったことは言葉で表現できますが、聞こえなくさせた「はたらき」は言葉では表現できません。仮にストレスと言い表していますが、ストレスを目で見ることはできません。その「はたらき」を受けた結果として、耳が聞こえなくなったという状態があるだけです。

それと同じく、目に見えるひとつの結果としての家出に至らしめた「はたらき」が何だったのかは、正直なところわかりません。自分の正義を握りしめ、親子で傷つけ合うのが痛ましいと感じたことは事実です。「私はどう生きるのか？」。その答えを求めたのも事実です。

けれども、それだけではない何か大きな「はたらき」に押されるようにして、自分の置かれている環境から逃げ出したのです。ここではないどこかを探して。

では、なぜアメリカにしたのか？

家出をするのなら日本国内でも十分じゃないか？　そう思われると思います。確かにそうですが、それは私の両親を知らないから言えること。日本国内なら絶対に連れ戻される。今回は、中途半端な逃げ方は許されない。とにかく、はるか遠くへ！　という思いと、もうひとつは、私のことを知らない人たちのところで生活を始めたい、との思いでした。気分はまるで逃亡者です。が、ハッキリ言って、日本国民のほとんどが私のことなど知りません。あえて言うことでもありませんが、有名な寺の娘でも、名家の生まれでもありません。

ちなみに気になって調べてみたところ、私がアメリカに行った二〇〇一年三月の日本の総人口は一億二六八七万人（総務省発表）。当時、私のことを知っている人は、ご近所さんや学校の友達、職場の同僚など、かなり多めに見積もっても二〇〇〇人もいないでしょう。が、仮に二〇〇〇人として計算しても、国民全体の〇・〇〇一五八％です。四捨五入して、この数字。限りなくゼロに近い！　というか、ゼロだ！　誰もアナタのことなど知らないから、安心して国内で家出して〜と、言いたいところです。

しかし、「京都の寺の娘」という背景そのものから逃げたかった私に、国内逃亡という選択肢はありませんでした。

そこで、「もうアカン。とりあえず、どっか遠くへ……」と思った私は、自分の部屋で世界地図を広げました。といっても、高校の地理の教科書を引っ張り出しただけですが。まず目に入ったのが、スペイン、そしてイタリアです。当時、スペイン出身のハリウッド俳優、アントニオ・バンデラスに夢中だった私は、当然のことながらスペイン推し。食べ物も美味しそうだなと思ったところで、イタリアに留学していた友人の言葉を思い出しました。イタリアで食べる家庭料理は世界一。

嗚呼、なんと悩ましい……。殿方か？　食べ物か？　スペインか？　イタリアか？　決断を迫られて、ハタと気づいた。スペイン語も、イタリア語も、まったくしゃべられへん！

では、英語はどうだ？　ハッキリ申し上げて、学校での英語の成績はブッチギリで悪かった。希望の大学へ行けなかったのも、英語の成績の悪さが原因。諸悪の根源である。

でもね、「This is a pen.」が言えたんです。「これは、ペンです」。これをスペイン語やイタリア語、はたまた中国語や韓国語で言えるかと問われれば、まったく言えない。けれども、英語では言える！　凄い！　と、ここで大きな勘違いをした私。「This is a pen.」この構文が言えるというのは、ひょっとすると英語はかなり得意な方かもしれない、と。そこで家出先を英語圏に絞りました。

ハッキリ言って、アホである。

ちょうど銀行の同期がイギリスにいたので、これ幸いと連絡をしてみました。「イギリスに家出をするから、よろしく！」と。すると「来るな」と、まさかのツレナイ返事。よくよく聞いてみると、食べ物が美味しくないと言います。そして、天候が不順だから気が滅入るよと。いやいや、こちらはもう十分に滅入っているんです。耳も聞こえないほど、心療内科を勧められるほどに滅入っているのに、そんなところに行って症状が悪化したらどうする？　と。

そこで、英語圏で気候が温暖な場所を探すことにしました。それと、もうひとつの条件。それは、公共の交通機関が発達しているところです。お恥ずかしながら私、車の運転ができません。よしんば海外で免許を取ったとしても、事故等に対応できる語学力に自信がなかったのです。まぁ、話せるのは「This is a pen.」だけでしたからね。

出揃った三つの条件（①英語圏　②温暖な気候　③公共の交通機関が発達）を基に、世界地図とにらめっこ。しかし世界広しといえども、なかなか条件に合うところは見つかりません。ハワイは①と②の条件をクリアしていますが、③に難アリ。アメリカ本土のシアトルは、①と③がクリアで、②に問題アリ。実は年間降水量が全米一ともいわれ、そのおかげで世界的なコーヒーチェーン店が生まれるなどカフェ文化が栄えた反面、自殺率も全米一とか。滅入っている状態で行くなんて、飛んで火に入る夏の虫。他のところを探さなきゃと、アチラはどうだ？　コチラはどう？　と、調査に調査を重ねた結果、ようやく探し当てた二都市。

それは、アメリカの東海岸ニューヨークと、西海岸カリフォルニアのサンフランシスコ。

どうです？　東海岸と西海岸、どちらがお気楽に聞こえます？

と、聞くのもどうかと思いますが……。自分の人生を、どちらの土地がお気楽だと思う？　で、決めた私。この期に及んでノーテンキ。そうして二九歳の私は、サンフランシスコ国際空港に降り立ったのです。大丈夫？　と、心配になりますが、その時たまたま知り合いがいたので、住むところが決まるまでの数週間、居候を決めこませていただきました。が、それから先は、大丈夫？

やっぱり私は甘かった！

空港に降り立った瞬間に、覚《さと》りました。私は英語ができない、と。もうねぇ。大丈夫？というレベルじゃナイですね。まったくもって、ダメ。

まず、聞き取れない。日本で習ったカタカナ英語は音節がハッキリと区切れていたけれど、カリフォルニア英語は音節が切れ目なく繫がっています。しかも、切れ目がまるで水彩画のようにぼかしてあるので、何色と何色が混じっているのかわからないように、何の単語と単語が繫がっているのかがわからない。ハッキリしゃべってぇ〜と、訴えたいのをグッと我慢。だって御当人は、ハッキリしゃべっておられるのでしょう。おまけにこちらが話すことは、ものの見事に伝わらない。発音が悪くても、全体の雰囲気で汲み取っていただけませんか？　と、思うけれど、そんな配慮はありません。

そもそも、既に二九歳。骨格もカッチリ固まっています。日本語と英語では使う顔の筋肉も、舌の動きも違います。それによって、根本的に発音できない音があるのです。しかも、たくさん。嗚呼、伝わらない歯がゆさよ。


これは渡米後、数年経った頃のことです。サンドイッチを買いに行きました。サンドイッチはアメリカ料理ではありませんが、機会があれば是非、アメリカで食べてみてください。カフェやデリなど、どこでも手軽に買うことができます。既に作ってあるものが店頭に並んでいる場合もありますが、自分でオーダーするのをおススメします。

パンの種類、そして中に挟む具材やマスタードの種類など、好きなものを選びます。具材の選択は様々ですが、よくあるのが、ハム、ローストビーフ、チキンにツナでしょうか。

さて、その日の私はチキンの気分でした。が、伝わらないのです。店員に何度「チキン」と言っても、ダメ。原因は「ch」の発音。そこで私は言い方を変えました、「ハムじゃなくて、ビーフでもなくて、フィッシュでもないもの」と。

なぞなぞか？　クイズなのか？

しかし、ここまでヒントを出したのに、相手はわからない。意地悪されているの？　とも思いますが、本当にわからないのです。「一を聞いて一〇を知る」のが日本人気質なら、「一〇を聞いて一を知る」ようなところがあるのが大多数のアメリカ人。というのは大袈裟ですが、ハッキリ「チキン」と言わないと伝わらないのです。発音しやすい「ハム」に変えるという手段もありましたが、もう、こうなったら意地です。最後の手段とばかり、「鳥の一種だよ」と言って、ニワトリのマネをしました、店頭で。

最後はまさかのモノマネ。しかも、ニワトリの！

力技で伝えた私ですが、アメリカ生活、数年でもこのありさま。渡米当時、いかに英語がダメダメだったのかは、聞くも涙、語るも涙です。常に電子辞書を持ち歩き、バスの中で広告を見ては単語を調べ、スーパーで商品を手にしては単語を調べるは、当たり前。語学学校に入学し、まさに「This is a pen.」から勉強し直しました。

アメリカで「今、ここ」を生きることを知る

ここではないどこかを探して、アメリカまで家出をした私。日本から、京都から、そし

て「寺の娘」という環境から逃げて、どうなったのか？

私を苦しめる問題から、苦しみから、解放されたのか？

確かに、目の前にあった「お見合い問題」からは解放されました。しかし、次から次へと問題はやってきます。そもそも、英語が話せない。生きていくのに、十分なお金もない。目が覚めてから寝るまで、問題しかないのです。

こんなことを言っちゃうと、英月さんって京都の人だからイケズなのね、と思われてしまうかもしれませんが……。


銀行で働いていた時のことです。単刀直入に言って、苦手な先輩もおられました。毎月、月初めに異動が発表されていたので、あの先輩、転勤でどっかに行かないかなぁと、願ったものです。ある時、その先輩に異動の辞令が出ました。嬉しかったですねぇ。心の中で万歳三唱。これで明日から、私のOL生活は順風満帆。しかし、転勤で出て行く人がいれば、入ってくる人がいるのが世の習い。代わりに来られた方が、酷かった。これだったら前の先輩の方がマシだと、転勤を願ったことを激しく後悔。カムバック〜。

つまり、目先の問題が解決しても、問題は次から次へと起きるのです。

あの人さえいなければ、あの問題さえ解決すれば、そう思います。けれども実は、あの人さえいなければという思い、あの問題さえ解決すればという思い、その思いに縛られ、苦しめられているのです。その思いからの解放。私でいえば、ここではないどこかがあるとの思いからの解放。私が生きるのはここではない、と思い続けることは、「今、ここ」を、生きていないこと。

でもね、英語もできず、お金も十分にないまま渡米したおかげで、否応なく、「今、ここ」に、立たされることになったのです。

どういうことか？

日本にいる時は、贅沢なことかもしれませんが、安定した将来に空しさを感じていました。銀行で働いていた時は、一年後、二年後の仕事も予測できました。部署は変わろうとも、こんな仕事をしているだろうと。プライベートも同じです。だから、「何か楽しいことない？」が、口癖になっていました。

生活の基本である衣食住が安定していたので、安心してキョロキョロできた。何かないかな？　と。もっと楽しいこと、そして、もっといい場所はないかな？　と。ここではないどこかを、探すことができたのです。

けれどもアメリカで生活を始めたら、そんな悠長なことは言っていられません。まず、衣食住です。銀行口座にある、わずか一〇〇万円ちょっとで、この異国での生活の基盤をつくり、生き抜いていかなければならないのです。一〇〇万円は大金だと思われるかもしれません。けれども、家賃に食費などの生活費に語学学校の授業料など、贅沢をせずに切り詰めたとしても月に一五〇〇ドル（約一八万一七五五円・二〇〇一年三月の月中平均為替レート一ドル一二一・一七円より）は、かかりました。計算するまでもなく、半年もしないうちにすっからかん。

だから、今しか考えられなかったのです。「今、ここ」を、どう生き抜くか！

とにかくお金！

アメリカでの最初の仕事は、テレビＣＭでした。日本町にある日系スーパーの掲示板で、たまたま目にした募集の貼り紙。「テレビＣＭ出演者求む」の大きな文字の下に、小さく書かれていた「謝礼あり」の文字。吸い寄せられるように、その黄色い紙に近づきます。募集要項には「要演技経験者」と太字で書かれています。

実はワタクシ小学生の時は演劇部でした。しかし、さすがにそれは履歴書には書けません。が、諦めるのはまだ早い！

学生時代、地元テレビ局で、お天気お姉さんとレポーターをしていたという古い記憶を引きずり出し、近からず遠からずだと、とりあえず応募。なんてったって、謝礼がかかっているのです。うまくいけば、ロケ弁も食べられるに違いない。そうして受けたオーディション。並み居る応募者の中から見事合格を勝ち取れたのは、生活がかかっていた私の気迫勝ち。だったのだと思います。

こうして全米で放映されたＣＭの商品は、キッコーマンさんのポン酢でした。ちなみに、「Ponzu」は既に英語になっています。そしてこのＣＭ、自分で言うのも何ですが、好評でした。テレビの影響力は大きいもので、会う人たちに「Ponzu Girl !」と呼ばれるように。おまけに有難いことに、このＣＭを見た方から、他のお仕事をいただくようにもなりました。もちろん、当初の目的であった、謝礼とロケ弁もいただき、ほっと一息。

でもね、そう簡単にはいかないのです。ポン酢のＣＭの時は、オーディションを主催したのは日系の広告代理店。撮影現場のスタッフも、ほとんどが日本人でした。しかし、このＣＭをきっかけにしていただいた他の現場は、日系ではありませんでした。

そう、英語です。ここでも立ち塞がる英語の壁！

もうねぇ、笑ってしまいます。まったくわからないのです。企業が発行する会社案内のパンフレットの撮影。だから、スーツで来てほしい。撮影場所は、日本町。ここまでは、事前の連絡でなんとか理解できました。が、問題は撮影。こういう感じかな？　と、ポーズをとります。それに対して、細かな指示がくるのですが、その英語が聞き取れない！　あのぉ、今、なんておっしゃいました？　と、聞き返したいが、カメラマンも他のスタッフの方も、気軽に聞ける距離にはおられません。よしんば聞き返したとて、二回目で聞き取れる保証もありません。こうなったら頼れるのは、己の勘。きっと彼らは、この目線、この手の動きを求めているのでは？　と、動かしてみる。とりあえず、色々なパターンで動いてみる。

どうだ！　ヘタな鉄砲も数撃ちゃ当たる作戦だ！

実は英語の壁は、これだけではありませんでした。アメリカでモデルなどの仕事をする時には、必ず契約書を交わします。え、こんなに？　と驚くほど、たくさんの書類があります。小さい文字で紙にびっしり書かれたものが、何枚もあるのです。仕事によっては、かなりの分厚さになっていた時もありました。これは、撮影された肖像はモデルが所有しません、依頼主に譲渡します、というものです。

ちなみに石を投げれば弁護士に当たるといわれるほど、弁護士が多いカリフォルニア。ちょっとしたモデルや女優になると、弁護士がこの手続きを行います。私の場合、そんなことをしてしまうと、弁護士費用で向こう一年ほど粥をすする羽目に陥るので、当然ながら自分でします。そうです、膨大な量の英文を読むのです！

と、言いましたが、読みません。読まないのではなく、読めません。最初の頃、ちゃんと一言一句確認しなきゃと、電子辞書片手に読み始めました。が、そんなことをしていたら、夜が明ける。というか、また夜がきて三日ほどかかります。

私はアッサリ諦めました。ここは性善説に立とうではないか、こんな私を騙して何になる？ あの目は、人を騙す人の目ではない！ と、自分に言い聞かせ、サイン。今から思えば怖いことをしていたと思いますが、幸いにもトラブルになったことはありませんでした。

若さは武器にならないアメリカ

家出した先のアメリカで、食べるに困り、たまたま見つけた募集に応募してオーディションを受ける。合格して、テレビCMに。それをきっかけに、モデルの仕事が続いていた私。すると周囲が勘違いを始めます。私の元にオーディション情報が集まり始めたのです。あの新聞にこんな募集が出ていたよ、キャスティング会社に勤めている友達がこんな人を探しているよ、等々。戸惑ったのは私です。いやいや、それ、私、目指してませんから。

では、私は何を目指していたのか？

目指していることなど何もなかったのです。自分の置かれた環境から逃げ出すことが目的で、その目的が果たされると、次は日々生きていくことが目的になった。

たとえるならそれは、人生という海で溺れているような状態です。どこに向かえば岸があるかもわからず、ただがむしゃらに自分の力で泳ぎ切ってやる！と、バタバタ。そこにたまたま通りかかった小舟が、キッコーマンさんのポン酢のCMだった。幸運にもその小舟に乗せてもらったことで、仮の方向性が決まった。周りも、あの人はあの小舟に乗っているから、その方向に進んで行くんだろうと思う。乗っている私自身も、海でバタバタもがくよりは、ひとまずここに乗せてもらえる間は乗せてもらおうと思う。大波でもくればひとたまりもない小舟、いつまた海に投げ出されるかわからない。そんな状態でした。

そんな中、忘れられないオーディションがあります。それは友人から受けた一本の電話から始まりました。

「今、新聞で見たんだけど、レポーターの募集が出てたよ！　見た？　え、見てない？とにかく見て！」

彼女の気迫に押されるようにして新聞を確認すると、確かに出ています。が、募集の締切は明日。履歴書と写真を郵便で送れとあるが、送り先はニューヨーク。届くまで、時間かかるんと違うの？　どう考えても、ムリなんと違うの？　と、思いましたが、とりあえず送ってみることに。

すると、それから数日後、私の携帯電話が鳴りました。今、書類が届いた。締切は過ぎていたけれど、会いたいからオーディションを受けに来てほしい。しかし、オーディションは明日。サンフランシスコからニューヨークまで来ることはできるか？　と。

行けるか、行けないか、じゃない！　這ってでも、行くしかない！　と、「行きます！」

と言って、電話を切った私。その時、既に昼過ぎ。サンフランシスコとニューヨークの時差は三時間。それを考えても、とりあえず飛行機に乗らなければ！　と、急いでチケットを探して驚いた。

た、高い……。国際線かと思うような値段に、ただただ愕然。這ってでも行く！　と意気ごんだが、無い袖は振れない。とてもじゃないけど、買えません。仕方なく、調べていたパソコンを閉じました。

その時、サンフランシスコ市庁舎の近くにいた私。今でも覚えています、市庁舎前の広場を歩きながら、悔しさで涙が出たことを。せっかく書類審査に通ったのに、チケットを買うお金がないなんて……。

お金がないと、挑戦さえできない！　可能性まで奪われてしまう！

そこでハタと気づいた。生まれてこの方、可能性のカケラもないのに、色々なことに取り組ませてもらえたのは、それを下支えするように両親が働いてくれていたおかげだったのだと。手抜きをしていたにもかかわらず、仕事があって給料をもらえていたからだと。

その時です。私の携帯電話が鳴りました。

「安いチケットが見つかった！」

有難いことに、友達がチケットを探し出してくれたのです。そうして飛び乗った飛行機は、睡眠不足で目が赤くなるため「レッドアイ」と呼ばれる深夜便。明け方近くにジョン・F・ケネディ国際空港に着きました。

が、飛行場に降り立った私の耳に入った、職員さんたちの立ち話。

「寒いと思ったら、今日は、今年一番の寒波だってよ」

え？　それ、めちゃくちゃ困るんですけど。

サンフランシスコを歩いていたままの恰好で、ニューヨークに来てしまった私。飛行機に乗ることだけを考えていたので、気候のことまでは考えもしませんでした。空港を出て、地下鉄に乗る。地下鉄を降りて、街を歩く。さすが今年一番の寒波だけのことはあります。それは、命の危険を感じさせるほどの寒さでした。五分も歩くと、手は凍傷を起こすかと思うほど紫色に腫れ、歯はカチカチと割れるかと思うほどの音をたてる。

道ですれ違った人が、「大丈夫か？　とりあえずそこの角にある店に入って、暖をとれ！」と、声をかけるほど。お気遣いありがとう。しかし私は行かねばならぬ、オーディション会場に。遅刻をするわけにはいかないんだよと、雪の道を進む。

そうして、やっとの思いでたどり着いた会場には、書類選考を通った一〇〇人ほどが集まっていました。その中には、テレビで見たことがあるお顔もちらほら。そして何より驚いたのは、男女を問わず、〝若い〟人たちだけではないこと。

日本だったらどうでしょうか？

レポーターのオーディションなら〝若い〟人たち、もっといえば〝若い女性〟だけを対象に募集をするのが普通かもしれません。

その時、私は三十路《みそじ》。価値観の違いの中で、チャンスを与えられたことに心の底から感謝しました。そうして受けたオーディション。寒さのおかげか脳細胞は冴えわたり、一〇人ほどの最終選考者に選ばれました。わ〜い！

そしてその翌週、同じ轍《てつ》は踏まないと、防寒完全装備で再びニューヨークに降り立った私。行くぞ、最終オーディション！

ちなみに、飛行機はファーストクラス。たまたま空港のチェックインカウンターの職員さんが、その前の週に飛んだ私を覚えていてくれたのです。「あなた、先週も飛んでなかった？」と聞かれたので、かくかくしかじかでニューヨークに参りますと答えると、「オーディション頑張って！」と、タダで席を替えてくれたのです。ラッキー！

そうして迎えた最終選考は、マンハッタンを見下ろすテレビ局で行われました。故郷に錦を飾るまで、あと一歩。が、ここであえなく敗退。故郷に錦は夢のまた夢。ニューヨークの雪と共に、消えてなくなりましたとさ。チャンチャン。

このオーディション。最終選考に残ったのは、テレビでお顔を見たことがあるレポーターの方や、ブロードウェイの舞台に立っている女優さんなど、そのほとんどがいわゆるショービジネスのプロの方たちでした。待ち時間に控室で雑談をしていると、「ニューヨークに引っ越して来なさいよ。ショービジネスの本場は、やっぱり東（海岸）よ！」と言われて、びっくり。私、別にプロになろうと思ってませんから。目指してません。たまたま乗った船、そのまま乗って、ここに来ただけですから。との言葉は飲みこみましたが、ふと思いました。別に、目指してもいいんだと。三十路だけど、まったくの素人だけど、女優を目指してもいいんだと。

日本でたくさんお見合いをして、安定した将来を約束されていたけれど、笑顔で来客を迎えることと、男の子を産むことだけが私に求められていることかと思うと、たまらなく空しくなって、逃げ出した。逃げたら逃げたで、今度は先行きがまったく見えない。まるで海の中で溺れて、どっちに進めばいい？　と、迷子状態。

けれども、先行きが見えないというのは、自由に進めるということ。つまり、言葉を変えれば「こうならなければいけない」「こうしなければいけない」という決められた方向性から解放されたということ。

そう、どこに進んでもいいのです。女優を目指しても、たとえそれが荒唐無稽でも。

そして、痛烈に心に刻まれたこと。それは、もう二度と、お金がなくてチャンスを断念するような思いはしたくないということです。お金がないと、挑戦さえできない。お金は生き抜くための道具だと。道具は多ければ多いほどいい。私は、がむしゃらに働き始めました。道具としてのお金を貯えるために。

◆教訓

地獄とは「生前の行いを閻魔《えんま》さまに判断され、落とされるところ」とのイメージがあるが、死んでから行くといった悠長なところでも、実在する場所でもない。生きている今、経験しなければならない耐え難い苦しみの状態をいう。踏み込んでいえば、地獄をつくっていたのは私自身だったのだ。

第二章

貪《とん》・瞋《じん》

がむしゃらに生きる

たくましさ、開花！

言葉の通じない海外で生き抜くためには、お金という名の道具が必要。お金があれば、生活の基盤を整えることもできるし、知識や教養も得られる。そして突然のチャンスにも対応できる！

そんな当たり前のことには、出国前に気づいてくれと思いますが、勢いだけでアメリカに渡った私には、そこまで考えが及ばず。嗚呼、愚かである。が、愚かであったおかげで、そして、お金がなかったおかげで、私自身も知らなかった潜在能力が開花したのです。自分で言うなとツッコミたいですが、私自身驚いたことだから致し方ありません。では、何が開花したのか？

それは、「たくましさ」です。

もうねぇ、びっくりしました。こんなに、たくましかった？　って。あれ？　私って、お嬢さん育ちじゃなかった？　って、あくまで自己申告ですが。

でもね、「半年ほどバケーションに行って参ります。半年よりも短い予定です。長くなったとしても、一年を超えることはありません」と両親に言った時、親は思ったハズなんです。どうせ資金も十分ではない。苦労もせずに甘やかされ放題で生きてきた娘のこと、お金が尽きたら、いや、尽きる前に音《ね》を上げて帰ってくるだろうと。その目論見があったからこそ、不承不承であれアメリカ行きを許してくれたハズなのです。

と言いましたが、正確には許してはくれませんでした。家庭内無視という冷戦状態の中で、勝手に出て行ったのです。正に、ワガママ娘の本領発揮。ですので、アメリカに着いてから寺に電話をかけても、切られる始末。こうなるとバケーションではなく、親公認の家出です。そんな中、自称お嬢さん育ちの私は大丈夫か？　と思うのですが、意外と強くて私自身がびっくり。

その強さは内面だけでなく、外面にも表れました。肌が弱く、セーターはカシミヤ一〇〇パーセント、もしくはアンゴラ一〇〇パーセントでないと、絶対にダメだった私。それが、どうでしょう。

ウールであろうが、アクリルであろうが、かゆくも、痛くも、肌荒れが起きることもなく。そうして環境に応じて変化する肌に、人体の不思議を見るようでした。肌でさえ劇的な変化を遂げるのですから、内面のたくましさは言うに及ばずです。

極貧ゆえのバカ力

お恥ずかしながらそれまでの私は、美味しい、不味《まず》いと文句を言うことはあっても、食べ物が口に入ることに感謝したことはありませんでした。それがアメリカに渡って初めて、パンのひとかけが口に入る有難さを知りました。

パンが口に入るということは、パンを買うことができたということ。パンを買うことができたということは、お金があったということ。お金があったのは、仕事があったから。

ではなぜ、仕事があったのか。その仕事を得るのに学歴が必要であったなら、日本で学校に行かせてくれた両親のおかげ。仕事を得るのに、誰かが紹介してくれたのなら、東洋の小さな島国からやって来た、英語もろくに話せない私を信用してくれた人のおかげ。

パンひとかけの背景にある大きな繋がりに、初めて気づかされたのです。だから、どんな仕事も全力投球。必死に働きました。銀行時代の上司が見たら、さぞ驚くだろうなと思いながら。

そうしてがむしゃらに働いたのは、紹介してくれた人、そして雇ってくれた人の恩に報いるためでしたが、クビにされないためでもありました。クビにされたら、どうやって食べていくの？　家賃はどうするの？　道具としてのお金を貯える前に、路頭に迷ってしまいます。

アメリカでは色々な仕事をしました。テレビCMをきっかけに、ラジオCM、ポスターなどのモデル、映画出演に、各種イベントでの司会。一番長く勤めたのは、日系ラジオ局です。紹介してくださる方がいて、オーディションを受けたところ、採用。当初はニュースなどの原稿を読んでいたのですが、歌番組やトークショーなども担当するようになりました。数年後には、社長職を引き継いでほしいと社長と経理の方からお話をいただき、びっくり！

せっかくのお申し出に心は揺れましたが、諸々考えて辞退。その他に日本語を使った仕事といえば、日本語教師もしました。資格を持っていなかったので、日本語教師というのも申し訳ない思いがしますが、友達が見栄えのするチラシを作ってくれたおかげで、そこそこ盛況。他にも、日本から来られた観光客の方向けのお土産物屋さんで売り子のお手伝いもしました。そして日本語と関係なく働いたのが、ホテルのフロント、レストランやカフェに、自分が通っていた語学学校での受付事務。面白いところでは、おせちを作って売ったりもしました。

そもそも、なぜおせちを作ったのか？

簡潔にいうと、仕事を探していた↓たまたま年末だった↓おせちの広告を見て、私の方が上手く作れると思った、だから作った。

もうねぇ、繰り返しですよ、「This is a pen.」ができるから英語が話せると思いこんだ、あの繰り返し。家でおせちを作るのとは、ワケが違います。しかし、なぜか本人は「できる！」と思いこんでいる不思議。

それは渡米から九ヶ月が経ち、暮れも押し迫った一二月のことでした。金銭的にかなり追い込まれていた私は、日本町の日系スーパーへ向かいます。買い物のためではありません。スーパーには掲示板があり、様々な情報を手に入れることができるのです。

何かいい情報はないかと掲示板を見ると、ふと目に入ったおせちの広告。おせちなのに、お煮しめの野菜がまさかの乱切り。

これはあきまへん。人参は梅に、筍《たけのこ》は亀に切っておくれやす。

そこで、うかつにも思ってしまったのです。

「うちの方が、絶対にええもんが作れる！」と。

思いこみの力は恐ろしく、やってしまったおせち作り。

早速スーパーで食材の値段を調べ、それを基にメニューを考えて試作。そして試食会を行い、メニューを決定。素人なりに電卓を叩いて、原価計算もしました。そして価格を決め、絵心のある友人に頼んでポスターを作成。あちこちに貼るだけでなく、ネットの掲示板でも宣伝。注文は「おせちチケット」を購入してもらうという方法をとったので、注文をいただいた時点で、お金が入ります。それを元手に買い出し、調理、盛りつけ、そして宅配。ポスター作りと同様、宅配も車のある友人に手伝ってもらいますが、その他は全て一人です。気合いで取った注文、二六件。そう、二六組のおせちを一人で作るのです。

今となっては、なぜ作れると思った？　と、過去の自分を小一時間ほど問い詰めたい、そんな思いがするほどの大変さ。

まず、おせちを詰める容器探しから難航。続いて、買い出しで撃沈。車もないのに、大量の食材を買いに行くなど、所詮ムリな話です。が、言い出した以上、やらねばならぬのです。少しでも安くて良い食材を求めて、サンフランシスコ中のスーパーや市場をバスと徒歩で回ります。

やっと買い物が終わった頃には、とっぷりと日が暮れ、辺りは闇の中。いつ来るとも知れないバスを待っていると、雨も降り出してきます。ひとけのないバス停で、「こんなところで何を求めて、私は何をしているのだろう……」と、思わず問いますが、答えなどありません。やっと来たバスに乗り込むと、まさかの逆方向。

申し遅れましたが、私、天下無敵の方向音痴。そうして降りた、人っ子一人いない夜のゴールデンゲートブリッジ。食材でパンパンになったリュックを背負い、これまたはちきれんばかりの鞄をたすき掛けにし、両手に食い込むスーパーの重いビニール袋を提げて、暗闇に浮かぶ赤い橋の前に立つ私。海流の影響か、崖下から極寒の風が吹き上げてきます。とにかく哀れ感がハンパない。買い物で疲労困憊なのに、よりによってバスを乗り間違えるか？　そんな自分が悲しくも、少し滑稽。そう思うと、こんな状況なのに、なぜか笑いが込み上げてきます。雨に濡れて、顔に張り付く髪を払うこともできず、突風を受けながらの大笑い。それだけ笑うと、気持ちも落ち着きます。

やっとのことで家にたどり着き、休む間もなく下ごしらえ。時既に一二月二九日。おせちは保存食だといっても、作り置きには限度があります。一二月三〇日、三一日の二日間で調理をしようと、勝負をかけた私。そう、時間がないのです。せめて野菜の飾り切りだけは二九日のうちに終わっておきたいと、人参を梅に、筍を亀に切っていきます。と言いましたが、梅だけでも軽く一〇〇個以上。型抜きは使いたくないとヘンなこだわりで、全て手作業。

もうねぇ、包丁を持つ手が大変。指先はオレンジ色に変色するし、おまけに右手中指の第一関節と第二関節の間に包丁の背があたって皮がむけ、血が出てくる。血の出た手で調理はできないと手当をして、アレして、コレしてと、ドタバタ。筍で六〇匹近くの亀を作り、さぁ下茹でしようとして気づいた。鍋がない。

…………。お願いだから、そういうことはもう少し早く気づこうと、自分を説教したい気持ちをグッと抑え、携帯電話を握りしめる。業務用とはいわずとも、そこそこ大きなお鍋を数個、ここまで持って来てくれる人はいないか？　と、Aから順番にアドレス帳を見ていく。本当にゴメンなさい！

だけど、今は詫びている時間も、躊躇《ちゅうちょ》している時間もないのだよ。夜にもかかわらず厚顔無恥にも電話をし、鍋確保。一事が万事、その調子。

原価を無視しても、華のある食材がいると奮発した海老を腐らせ、大騒動。一品、一品に、大騒動から小騒動。ほんと、色々ありました。調理を始めて二日目、つまり徹夜二日目の大晦日の夜には、あまりの疲労で、出し巻きを作りながら寝る始末。

思い出されたのが、幼い頃に祖父から聞かされた木口小平《きぐちこへい》の話。日清戦争で敵に撃たれても、自分の職務を放棄せず、ラッパをくわえたまま亡くなったという彼。

「木口さんはラッパやったけど、うちはサンフランの地で、フライパンを握りしめたまま死ぬんやわぁ」と。「もう、誰なん〜。おせち作るって言い出さはったん〜」と、ぼやいてみても、言い出したのは私です。お金もシッカリいただいています。倒れても、作るしかないのです！

その時、三〇歳。人生で命をかけてやり遂げたことは、このおせち作りだけ。そう思えるほどにやり切った、一大プロジェクト。自分で言うのも何ですが、好評でした。

これをきっかけにして、地元の公立小学校に講師として招かれ、保護者と生徒向けに特別講義を行うことに。講義内容は、日本の文化としてのお正月と、お正月を代表するおせちについて。その翌年にも懲りもせず、またおせち作りを行い、そしてその翌年にはロスアンゼルスのある業者から、全米で売りましょうと取引のお話をいただきました。結局、そのお話はご縁がなかったのですが、もしあの時ご縁があったら、今頃、アメリカでお弁当屋さんをしていたかもしれません。

弱肉強食？　当たり前！

お金という名の道具が必要だと、がむしゃらに働いた日々。平日の朝九時から夕方四時までは、語学学校の受付。ラジオのパーソナリティやホテルのフロントは、学校での仕事が終わってからか、週末。レストランでの仕事がある日は、家に帰って仮眠をとり、シャワーを浴びて、午後八時から遅い時は午前二時すぎまで働いていました。

レストランで働くようになっても英語に問題のあった私は、ボスたちが見てすぐわかるように、数字で結果を出そうとしました。自分で自分にノルマを課したのです。ウエイトレスそれぞれの売り上げがわかるシステムだったので、一日に必ず一〇〇〇ドルを売り上げることにしました。

そのためには、徹底的に商品を知る必要があります。受験生でもないのに単語帳を作り、表に商品名、裏にその説明を書いて覚えました。ワインのサーブがうまくできなかったので、二ドルちょっとの安いワインを大量に買い、自宅でコルクを抜いてグラスに注ぐ練習をしました。

下戸なのに、もったいない。などと、言っている場合ではないのです。クビになったら、元も子もないのです。それでなくてもお店には「ウエイトレス、募集してる？」と、仕事を探しているキレイな女の人が毎日、何人も飛び込みで聞きに来ます。私の代わりではなく、もっといい人たちが列をなして待っているのです。ピンチだ、私！

働いていたレストランはメディアなどに取り上げられ、話題となっていました。おかげで集客力が高く、おまけに客単価も高い。チップ収入に頼るウエイトレスにとって、稼ぎやすいお店です。生活のためにも、この仕事は死守したい。が、オーダーを失敗した分は自腹で払うなど厳しいことも多く、決して働きやすい職場ではありませんでした。それが合法か違法か、そんなことは関係ありません。ボスがそう言えば、そうなのです。

ある週末の忙しい時間に、同僚のウエイトレスがラムチョップを泣きながら食べていました。テキサス州出身という理由で、テキサスと呼ばれていた彼女に「テキサス、どうしたの？」と聞くと、「オーダーを間違ったの……。これ美味しいわよ……」と。

彼女は長く勤めることはできませんでした。自慢に聞こえるかもしれませんが、というか自慢なのですが、私は一度もオーダーを間違えませんでした。なんてったって、生活がかかっています。コッチも必死です。

特に緊張したのは、ワインのオーダーを取る時です。フランス産やイタリア産、もちろんカリフォルニア産のものもありましたが、銘柄の多くはフランス語やイタリア語。これを、どう正しく発音しろと？

そうです。私は復唱して確認するという、ウエイトレスの基本ができないのです。よしんば復唱をしたところで、英語の「チキン」が伝えられない私に、ワインの銘柄が正しく発音できるとは思えません。では、どうしたのか？　それは、気合いです。気合いで目と耳を研ぎ澄ますのです。お客さんが注文する時にワインリストに落とした視線と、発せられた銘柄の第一音。それを手掛かりに、狙いを定めるのです。きっと注文されたワインは、これに違いないと。私は静かに微笑んで、速やかにテーブルから去ります。そこでまごごしていると、復唱せざるを得ない雰囲気になってしまうからです。

必死でした。がむしゃらでした。頼まれもしないのに営業もし、気がつけばオーナーから管理職の肩書が印刷された名刺を渡されるほど、頑張って働きました。オーダーを取るのを失敗したテキサスを後目《しりめ》に、私は優秀でしょと心の中では鼻高々です。

小賢しい。ほんと、恥ずかしいことです。

けれども、その恥ずかしさに気づきませんでした。なぜなら、私には私の正義があったのです。ネイティブのような英語は話せない、アメリカには家族もいない、お金もない、私は弱者だ！

こんなにたくましくて、どこが弱者どすか？　と思いますが、社会的に弱者なのは事実です。そこで、たくましい私は、弱者という看板を正義の剣として振りかざしたのです。それは悲しいことですが、その悲しさがわからなかったのです。わからないばかりか、当たり前のことだと思っていました。弱者だから人一倍努力して、頑張って、何が悪い？と。

確かに、悪くはありません。弱者が生き抜くために、強くなろうと努力し、頑張ることは、素晴らしいことです。たとえるならそれは「弱肉強食」、渡米当初の私の座右の銘です。強い者、他者より勝った者が幸せになれる。弱者のままでは、幸せになれない。だから、どんな手段を使っても、弱者であるという事実を利用してでも、他者に勝たなければならない。そう信じて疑いませんでした。けれどもそれは、私自身が意図せずとも、結局、他者を打ち負かすことが目的となってしまいます。それだけではありません。自分は正しいとの思いこみに執着し、それを握りしめ、正義の剣として振りかざす。それは悲しいことです。そして、あまりにも空しい。

けれども、必死に、がむしゃらに生きている時には、そんなことには気づきません。私は、他者より勝った存在になるため、精一杯努力しました。自分で自分に売り上げノルマを課すほどに。朝から深夜まで働くほどに。二日間徹夜をして、一人でおせちを二六組も作るほどに。やればできる。私は、やればできる子だ。

「為せば成る、為さねば成らぬ何事も、成らぬは人の為さぬなりけり」！

まさかのお見合いアゲイン

そうして、爪に火を点すようにしてお金を貯めた私は、今度は道具としてそれを使い始めます。まずは、カレッジに進学しました。就職活動でアメリカ国内を移動する時も、以前とは違い、躊躇なく飛行機のチケットが買えます。それだけではありません。外食、買い物、そして旅行を楽しむこともできるようになりました。そうして今現在の生活が安定してくると、将来のことを考えるようになります。

日本に帰る気など、そもそもなかった私。さて、この先どうしようか。祖国から遠く離れた外国で、一人で生きていくのか。パートナーがいた方がいいかな、と。ここで私は、まさかの行動に出たのです。こともあろうにアメリカで結婚相談所に申し込んだのです！

恐るべき、刷り込み。ヒヨコもびっくりです。「結婚」＝「お見合い」との思いこみの呪縛は、アメリカに行っても続いていたのです。

アメリカで結婚相談所なんて意外だと思われるかもしれませんが、実は色々あります。特定の国の女性と、アメリカ人男性を紹介するものから、アメリカ人同士のものまで。私が入会したのは日本人女性とアメリカ在住の男性を紹介する日系の会社で、登録料が高いことと、男性の入会基準が厳しいことで有名でした。一番高額なコースは一〇〇万円を超えていましたが、いくら道具としてのお金を貯えたとしても、そんな大金をつぎこむ気はなく、紹介される人数や内容に制限がある、一番安いコースを申し込みました。金額にして一〇万円ちょっと。決して安い金額ではありませんが、一〇〇万円のコースと比べると気休めに入会したようなものです。将来に対して、私は何らかの行動を起こしていますよ、と。自分で自分を納得させるため、そして、ひょっとしたら素敵な殿方に出会えるかもしれないという、ほのかな期待をこめて。

気になるアメリカでのお見合い。それはマッチングという方法で行われます。入会時に、履歴書、身分証明書、そして収入がわかるものなど、資料を洗いざらい提出します。それだけでなく、自分自身のことや相手に求めることなどを事細かに聞かれます。それらの資料を基に、マッチメーカーと呼ばれる人たちがお相手を決めます。そして、お見合い。翌日には、マッチメーカーから連絡が入り、事細かにデート内容、相手の人に対する印象を聞かれます。そしてお互いがまた会いたいと答えれば、マッチメーカーが女性の連絡先を男性に伝え、個人的にデート開始。デートをしていても真剣に結婚を考えて付き合うまでは、続けて他の人を紹介してもらうことができます。日本の感覚だと不誠実に感じるかもしれませんが、アメリカでは普通のこと。コミットメントをするまでは、他の人とデートをしていても、後ろ指を指されることはないのです。

入会時に事細かに相手への希望を聞かれましたが、特にこだわりもなかった私は、人種の好みには、「ご縁があれば、誰でも～」と答え、収入に関しても、「特に希望はないですね～」と答えていました。すると「それでは困ります。ある程度の希望を言ってもらわないと」と迫られ、「収入は多ければ多いほど嬉しいですけどね～」と半ば冗談で答えたら、冗談にならないくらいのお金持ちばかりを紹介していただくことに。人種も、白人の方から、中国系、インド系、日系人、日本人と、様々。年齢も特に希望を伝えていなかったため、数歳下から一回り以上の年上まで。こんなに多くの男性が日本人女性との出会いを求めて、決して安くない登録料を払っているんだと思うと、ちょっと驚きました。

そうなんです。数人しか紹介してもらえない安いコースに申し込んだにもかかわらず、多くの方たちを紹介していただくことになった私。オトクなのですが、皮肉なことに、このことが原因で素直に喜べない事態に陥ってしまったのです。

お見合いの悲劇

最初に私を襲った第一の悲劇、それはこうです。

お見合い場所に行き、初めて会う方と挨拶をし、しばらく会話をします。ジロジロ見られた後に、その方が言うのです。「あなた、会員じゃないでしょ」と。

「えええーーーー！　会員です！　お金払ってます！　なけなしのお金、払ってます！」

と、言いたいけれど、それはあまりにも上品ではないとグッと言葉を飲みこむ。そして、

「会員ですよ」と優しく微笑む。

一〇年以上の時を経て、今、気づきました。これこそ、会員ではないと疑われる答え方だったと。受け答えが、こなれすぎ。サクラと思われても仕方ない。そりゃ、仕方ないよ。

日本でお見合い、何回だ？　三〇回以上。日本帰国後に受けた週刊誌の取材で答えた三五回が公式発表のようになったけど、ひょっとしたらそれ以上。だって、数えてないもん。

それだけのキャリアがあったら、もう半プロだよ、お見合いの。会員に見えなくても、仕方ない。おまけに、日本でお坊さんたちとお見合いをしていた時の立ち居振る舞いが標準装備だった私は、相手の方たちにかなりの好印象を与えてしまったらしく……。なんと、相談所の所長さんから接待を受けることに！　なんなの、この展開？

キャリアウーマンを絵に描いたような美しい所長さんに、ブランチへのご招待をいただいたのは、ドアマンが立つ高級デパートメントの最上階にあるレストラン。壁一面のガラス窓からはユニオンスクエアが見下ろせます。お店の名物、ストロベリーバターと焼き立てのブリオッシュに心躍らせていると、所長さんからまさかのお礼。

「男性会員さんから素晴らしい評価をいただき、会社としても嬉しいです。つきましては、これからもよろしくお願いしますね」と。

ストロベリーバターに無我夢中だった私はあまり深く考えず、「こちらこそ、よろしくお願いします〜」と、ノンキに返事。

第二の悲劇は、その日を境に紹介される人数が劇的に増えたこと。一〇万円ちょっとの一番安いコースで、一〇〇万円のコースと同じか、それ以上のサービスが受けられるのです。日本在住の女性会員が、特上クラスの大金持ちの男性を紹介してもらおうとすると、一人紹介してもらうのに一〇〇万円したそうです。それが、ポンポン、そういう方たちを紹介してもらえるようになったのです。オトクです。めちゃくちゃオトクです。悲劇ではなく、これは幸運なお話。うまくいけばシンデレラストーリーも夢ではない！

私は、紹介されるまま、ホイホイとお見合いに出かけるようになりました。まるで仕事のように。

ちょうどその頃です、私にとってお姉ちゃん的な存在の友人と一緒にいた時に、相談所からの電話を受けました。待ち合わせの日、時間、場所を確認して、電話を切った私に、その友人は今まで見たことのないような厳しい顔。居ずまいを正して、私の目をまっすぐに見ると、唐突にこう言いました。

「私は職業で人を差別しない。見下しもしない。だから、私には正直に言って」と。

この人はいったい何を言っているのだろうと思いつつも、あまりの真剣さに、答えに窮する私。キョトンとしていたと思います。その表情が頼りなかったのか、畳みかけるように彼女は続けます。

「いったい、何の仕事をしているの？　女王様？」

………………。友よ、心配してくれてありがとう。しかし、心配の方向性が、ちょっとおかしくないか？

なんとその友人は私の電話を聞いて、イケナイ仕事をしているのではないかと心配してくれたのです。確かに待ち合わせ場所はホテルのロビー。ディナーを一緒にする予定で、時間は夜でした。しかし、なぜに女王様？　と思うのですが、彼女いわく、私の性格を考えた時、それしか思いつかなかったと。それ、おかしいですから！

笑い話みたいですが、実はここに問題の大事なポイントがあったのです。お見合いの連絡を受けた私が、業務的に返事をしていたということです。デートを楽しみにするワクワク感が、言葉の選び方にもトーンにも、一切表れていなかったのです。だから友人は、仕事の連絡だと思った。そして私自身、仕事で人に会う感覚になりつつあったのです。

正直、私にも下心があったのです。たくさんの人を紹介してもらえてラッキー。これはオトクだと思ったけれど、大事なのは多くの人と会うことでも、ましてや払ったお金の元を取ることでもありません。人生をシェアしたいと思える人と出会い、その関係を築いていくことができるかどうか、なのです。

けれども、目先のオトクにホイホイ飛びついたおかげで、どんな人を求めているのか、そもそも私は、どんな人が好きなのかが、わからなくなってしまったのです。これが、第三の悲劇です。

お見合い経験値の高さから、サクラだと誤解された第一の悲劇を発端に、その経験値の高さを相談所に利用され、かつ、そのことを承諾してしまったのが、第二の悲劇。その結果、お見合いをこなすことが目的になってしまい、自分が何を求めているのか、自分自身のことさえわからなくなったのが、第三の悲劇。ほんと、何してるんだ？　私。

そこで私は、相談所で紹介していただいた殿方、どなたに自分は好意を持っているのか、せめて自分が望んでいること、好みの殿方の傾向だけでも知りたいと、あるものを作りました。

これ、ほんと酷い話なんです。ドン引かないでくださいね。まぁ、私自身、過去の自分のしたことにドン引いてますから、他人にダメというのも無理な話ですが。で、何をしたのか？

表を作ったのです、エクセルで。細かい内訳は忘れましたが、「第一印象」「会話」「配慮」「外見」「住んでいるところ」「収入」「財産」などを、五段階で評価したのです。たとえば「第一印象」は、可もなく不可もなくだったから、「三」。「会話」は弾んで楽しかったから、「四」。けれどもレストランの従業員には冷たかったから、「配慮」は「二」。「外見」は、タイプではないけれど世間的には男前だから「四」。「住んでいるところ」は、お金持ち村だから「五」。「収入」も「五」。「財産」は、数台の車以外に、飛行機とヨットを持っていて、家もアメリカ各地にあるから「五」。合計「二八」、平均して「四」、という風に。

これを相談所で紹介してもらった方全てに行ったところ、興味深い結果になりました。なんと平均点がみんな一緒だったのです。

困りました。これじゃ選べない！　と。でもね、本当に困った存在なのは、私自身です。自分のことは棚に上げ、他人のことを数字で評価。それを酷いことだとも思わずに、大真面目に表を作っていることが情けない。というか、ハッキリ言ってゲスの極み。けれども、それに気づかないし、気づけない。タイムマシンがあれば、この時に戻り、過去の自分にバケツの水を頭から浴びせて目を覚まさせたい。何ならグーでパンチしたい。でも、もしもそれができたとしても、過去の私は自分のやっていることの卑しさ、恥ずかしさには、きっと気づけない。一度握った価値観は、そう簡単には破られないのです。

結局、アメリカでもお見合いをたくさんすることになった私。けれどもアメリカでも、私は何をしているのかと、お見合いが空しくなってしまう。決められた方向性から解放され、どこに進んでもいいんだと気づいたけれど、どこに進んでいいのかがわからない。勢いでアメリカまで家出して、がむしゃらに生きていた時は、今の生活しか考えられなかった。どうやって食べていこう、どうやって生きていこうと、先を見る余裕がなかった。生活がちょっと落ち着いて、今だけでなく、将来にも目を向ける余裕ができると、とたんに迷子になる。いえ、迷子になるのではなく、迷子になっていたことに気づける余裕が、できたのかもしれません。

では、私はいつから迷子になっていたのだろう。そして私は、何を基準に進むべき方向を決めてきたのだろう。

日本から家出した時、道具としてのお金を貯えようとした時、アメリカで結婚相談所に入会した時、私は何を基準に判断をしたのか？　迷子になったのは、その基準に問題があったから。そう考えるのが自然なこと。では、基準は何？

その基準を一言でいうと、私の都合。自分にとって都合の悪い現実から逃げるようにして、アメリカに家出をした。家出先を選んだ時も、私にとって都合のいい場所はないかと探した。お金を貯えようと思ったのも、それによって自分にとって都合のいいことが増えるから。結婚相談所に入会したのも、都合がいいから入会した。申し込んだコース以上の人たちを紹介してもらえることにホイホイのったのも、オトクだと、都合がいいと喜んだ。

そして、迷走。自分の都合を基準にした私は、結果、自分の都合に振り回されることになった。都合に振り回されてアメリカまで行って、そして、アメリカでも都合に振り回される。ほんと、一体全体、何してはるの？　です。

でも、迷子になるのは当たり前のことなのかもしれません。どこに向かって進む？　と考えた時、その時々の自分にとって都合のいい方を向いて進む。しかし、いずれ都合が悪くなる。もしくは他に、もっといい都合に出会う。そこで方向転換。新しく登場した都合のいい方に向かって進む、けれどもまた都合が悪くなる、もしくは新たないい都合が出てくる。そこで、また方向転換。その繰り返し。グルグル、グルグル。そして、迷子になる。いったい私は、何を求めているの？　と。目先の都合に振り回され、空しいと。では、自分の都合以外の、何を基準にしたらいいの？　ブレない本当の基準って、何？

握りしめすぎた「拠り所」

渡米して一年近くの間、私はよく怒っていました。日常生活の基礎となる言葉が通じないことにストレスを感じていたのです。アメリカではどんな時でも、自分の意見を求められます。仕事は当然のこと、プライベートのパーティでもです。話しかけられ、その言葉の意味はわかる、それに対しての自分の考えもちゃんとある、何ならちょっとコじゃれた返し方もできる。いわゆる洗練された会話というヤツだ。

が、それは日本語でのハナシ。英語だと味気のない、YES、NOでしか答えられない。二択で答えられない質問には、歯がゆい思いで口を閉ざすしかないのだ。悔しいけれど。すると相手はあきらかに残念そうな、そして時には、見下した態度をとる。腹立つぅ〜。

「英語はできひんけど、うちはアホとちゃう！」と怒る。心の中で、ではなく、キチンと声に出して、ご丁寧に英語で言う。そしてこういう言葉に限って、なぜかスムーズに相手に伝わる。ほんま、うちが一番アホや〜。

愚かではあるけれど、心からの叫びでもあった、「うちはアホとちゃう！」。

この言葉の背景には、お恥ずかしながら「仕事ができる私」との自負がありました。アメリカに渡った瞬間から、私は東洋の小さな島国から来た、英語も話せない、意思の疎通もままならない人です。仮にどんなに崇高な思想があったとしても、相手に伝えられないのは考えていないのと同じ。って、私に崇高な思想があったのかは、はなはだ疑問ですが。

こんなことがありました。それは語学学校の受付で働いていた時のことです。電話が鳴ったので、いつものように受話器を取った私。流暢《りゅうちょう》な英語で学校名を名乗り、ご用件は何ですか？　何かお手伝いできることはありますか？　と聞いたところ、信じられない言葉が耳に飛び込んできました。「そこには英語を話せる人類はいないの？」と。

ええーーー!!

何かね、アナタは私を魚類とでも思ったのかね？

勘違いしないでほしいのですが、その方は差別的な意味で言ったのではないのです。仕事のことで電話をしたのに、たどたどしい人が出て不安になった。ただ言い方が、ちょっとキツかった。

これね、何が言いたいのかというと、私には「仕事ができる」という自負があったと言いましたが、実は仕事ができたのではない、ということなんです。

私は「仕事ができた」のではなく、「日本語が話せていた」にすぎないのです。それが証拠に、アメリカでは電話一本ロクに取れない。もしスペインやイタリアに行っていたら、もっと何もできなかったでしょう。私が仕事ができるのは、日本限定です。それも銀行員時代の上司に言わせると、眉唾かもしれませんが。どちらにしても、日本語が通じるところでしか使い物にならない。言葉を変えれば、「仮」に仕事ができる人です。どこでも、ではないのです。

そしてもうひとつ、「うちはアホとちゃう！」の言葉の背景にあったこと。それは、「うちはえぇところで働いていたんよ」という気持ちでした。英語で返答ができないからと見下された時、「うち、都市銀行の本部で働いていたんよ」と、心の中で相手を見下し返していたのです。今、こうして文字にすると、そう思った私自身を不憫《ふびん》に思いますが、その当時は大真面目だったのです。自分がまったく評価をされない対象となった時、すがるしかなかったのです。過去の仕事であっても。

一〇年近くアメリカで暮らし、日本に帰って来た時、心の拠り所としていた銀行がなくなっていました。私が働いていた立派な本部ビルは今も残っていますが、銀行の名前とマークが変わっていました。そもそも、どこで働いていたのかなんて、何の拠り所にもなりません。しかも私が働いていたのは、何十年も前のこと。拠り所にすることなどできないのです。それは、「偽り」の拠り所です。

日本限定で仕事ができるという「仮」の拠り所や、そもそも拠り所にさえならない「偽り」の拠り所を、大事に握りしめていた私。本当の拠り所ではなく、「仮」であり「偽り」であっても、握るしかなかったのです。お見合いが嫌でアメリカまで逃げたけど、それでメデタシメデタシになるほど世の中甘くない。お見合いはなくなったけれど、他の問題が次から次へとやってくる。そもそも、英語も話せない、家族もいない、お金もない！

私の存在価値まで否定され、無視される。まるで溺れるような状況で、とにかく何かにすがるしかなかった。そうして私が摑んだ「仮」であり「偽り」の拠り所は、言葉を変えれば、その時々の都合です。目先の都合を、摑んだにすぎないのです。

と、なんだか過去のことのような言い方をしてしまいました。

今の私はお坊さんだから、そんなことはしないよ〜という風に聞こえてしまったとしたら、ちょっと恥ずかしい。なぜならきっと、今も何かを必死に握っていると思うから。

ただ今、四八歳。若さというのも正直、ビミョウなお年頃になってきました。けれども、

「若さ」であるとか、「健康」であるとか、自分でも気づかないうちに、色々なものを握りしめ、これが大事な拠り所だ！　これが私だ！　と、思っているんでしょうね。って、他人事のような言い方ですが、握っている時はわからないのです。当たり前になっているから。それを失って初めて、握っていたことに気づかされる。

目先の都合を握って、振り回されていることと同じです。振り回されている時には、気づかない。だから、またすぐに、目先の都合を基準として歩み始めてしまう。本当の基準とならないのに。

「本当のものがわからないと、本当でないものを本当にする」

明治生まれの仏教学者、安田理深《やすだりじん》の言葉です。「仮」や「偽り」の拠り所を必死に握りしめ、「うちはアホとちゃう！」と叫んでいた私自身が重なります。叫びながら、どこに進んでいいのかわからず、迷子になっていた。努力して、頑張って、一生懸命生きて、そして、他人を傷つけていた。傷つけていたことにも、気づかずに生きていた。ただ、がむしゃらに。

じゃあ、本当って何？　真実の拠り所とは何なの？

◆教訓

親鸞聖人は自力を「わがみをたのみ、わがこころをたのむ、わがちからをはげみ、わがさまざまの善根をたのむ」と言ったが、がむしゃらだった私自身が重なる。

努力がダメなのではなく、努力をした自分を頼り誇ることが痛ましい。我に潜む驕《おご》りである。ましてや貪欲や瞋恚《しんに》といった、むさぼりや怒りの煩悩に溺れていることになど気づけるはずもないのである。

ぎゅっ

第三章

癡《ち》

わかっていないことが
わからない私

お金よりも大事なもの？

英語圏・温暖な気候・公共の交通機関が発達。この三つの条件を満たす場所で、なおかつお気楽なイメージがする。ただそれだけの理由で選んだ家出先、サンフランシスコ。行って驚いたことは、ホームレスの方たちが多いことでした。それは私が住んでいた二〇〇一年から二〇一〇年の間に限ったことではなく、二〇一九年に訪れた時も同じでした。ただ、前と少し違うなと感じたのは、ホームレスになる背景の変化です。以前は、薬物依存症の方や、除隊された方が多い印象でしたが、今は、若い失業者の方たちの姿が目につきました。家賃が高騰したため、裏通りにキャンプ用のテントを張って生活をしている方や、スマホを持っておられる方が多いのにも、驚きました。

さて、そんなホームレスの方たちとの、忘れられないエピソードがいくつかあります。世間一般にスラム街と呼ばれる地域に住んでいた時のことです（それでも家賃は月に一〇万円近く払っていました！）。近所のコインランドリーに行こうとして横断歩道で蹴躓《けつまず》き、道に散乱させてしまった大量の洗濯物。通りかかったホームレスの方が、一緒に拾ってくれました。こんなこともありました。決して治安がいいとはいえない場所のバス停で待っていると、あきらかに私を目がけて道を渡って来る不審者が！　危ない！　逃げなきゃ！でも、逃げたところで、簡単につかまりそう。こういう時は、怖がっちゃダメ。怖がっていることを、相手に気づかれたらダメ。でも、どうしよう？　逃げてもつかまる。逃げなくても、この場で襲われる。ピンチだ、私！

恐怖で、舌が喉の奥に引っ張られるように感じます。その時です。近くにいたホームレスの方が、私とその不審者の間に、まるで盾のように、すっと入ってくださったのです。そしてそのまま私の横に黙って寄り添い、バスが来るまで守ってくれました。そのおかげか、不審者と思われた人は、その場から立ち去っていきました。どこのどなたか存じませんが、命の恩人。ほんと、ありがとう。

と、ホームレスの方たちに助けていただいたことは、一度や二度ではありませんでした。

渡米後、まだ一年も経たない頃のことです。語学学校で一緒だったカンボジア人のクラスメートに紹介されたカフェで働いた帰りのこと。ちなみにこのカフェ、オーナーがポルポト政権下のカンボジアで収容所に入れられていたため、従業員にも同じように接していました。つまり、休憩ナシの食事ナシ。お客さんからもらったチップは、全て没収。立ちっぱなしで働いた後に、重労働の掃除までおおせつかり、疲れ切って向かった電車の駅。そこで出くわしたのが、ホームレス。「小銭でいいから、ちょうだいよ」と。見ると、若い男性です。

その姿を見た瞬間、考えるより先に口が開きました。

「ちょっと待て。アンタは若い。それだけでなく、英語も何不自由なく話せる。なのに、なぜ働かない？　私は英語も満足には話せない。それでも、こうして働いている。その私から、お金が欲しいと？」

カタコトの英語で、懇々と説教。それを黙って聞く彼は、なぜか嬉しそう。一通り演説を終えた私に、はにかむように笑った彼。彼が笑顔だった理由がわかったのは、それからしばらく経ってからのことでした。

ホームレスはサンフランシスコの名物だと揶揄《やゆ》する人もいるほどだったので、街で見かけても特に気にとめることはありませんでした。そんなある日のことです。「ペニー（一セント・約一円）でいいからちょうだいよ」と声が聞こえます。無視をして歩き続けると、

「ペニーがダメなら、せめて笑顔をちょうだい」。

その言葉にドキッとして、思わず振り返りました。そこにいたのは、薄汚れた毛布を被り、道路に座りこんだ年配の女性です。条件反射的に笑った私に、彼女は「ありがとう」と言って、嬉しそうに微笑み返しました。


そう。お金は生きていく道具。あると便利なものだけど、そして必要なものだけど、それだけでは生きていけない。

生きるのに、パンは必要。けれども、パンだけでは人は生きていけないのです。若いホームレスの方が私の説教を笑顔で聞いていたのは、自分に向かって誰かが真剣に話しかけてくれていることが嬉しかったのだと思います。「せめて笑顔をちょうだい」。それは、「この私と関わって」との叫びだったのかもしれません。憐れな人よとお金を施してもらう関係ではなく、道で出会った人として笑顔を向けてもらえる関係が欲しかった。それは、パンでは決して埋めることのできない空虚。

一〇年以上が経った今も、耳の奥にこびりついた声。「せめて笑顔をちょうだい」。その言葉には、私は笑顔が欲しい。では、あなたは何が欲しいの？　何を求めているの？　そう問われているようです。私自身、パンはあったけれど、満たされていなかった。日本でお見合いを重ねることで、自分に求められていることが、笑顔で来客を迎えることと、男の子を産むことだけだと感じた私。自分の存在意義や人生の目的が、それだけだとしたなら、あまりにも空しい。その思いが人生を行き詰まらせ、同時に、無謀にも海を越えさせる力となったのです。人が生きるのに必要な、パン以外のものを求めて。

ＬＧＢＴの町・サンフランシスコ

ところで、アメリカ西海岸の大都市・サンフランシスコに、ホームレスの方が多いと聞いて驚かれた方も多いと思います。では、同性愛者の街だと聞けば、どう思われるでしょうか。

日本でも最近、ＬＧＢＴ（女性同性愛者・男性同性愛者・両性愛者・トランスジェンダー）という言葉が聞かれるようになりましたが、サンフランシスコはかなり以前から性の多様性に寛容な街でした。寛容すぎました。そう、今でもあの衝撃は忘れられません。

それは私がサンフランシスコに家出をする数年前、観光で現地を訪れた時のことです。ホームステイ先の日系人のおばあさんと買い物にでかけ、赤信号で立ち止まった、その横断歩道の先にいたのが、男性同士のカップルでした。ガイドブックに載っている写真以外で見る、初めてのゲイのカップルに目が釘付け。本物だ！　と、失礼なほどのガン見です。筋肉隆々、ガタイのいいおふたりが、お揃いの白いタンクトップにジーンズをはいて、手を繋いで見つめ合ってます。

キャー！　男同士で見つめ合ってるー！　と、心の中で大騒ぎ。彼らとの間を阻む、横断歩道の距離を物ともせず、好奇の目で凝視です。そんな私を意識してか、ふたりが熱く抱擁してからの、キス！

キャー！　何、これ？　サービス？　って、何のサービスだか。もうねぇ、開いた口が開いたまんまです。間抜けな顔で、見つめ続けていたんだと思いますよ。だって、横断歩道ですれ違った時、片方の人がウインクをしてくれましたもん。ごちそうさま！　ですよ、ほんと。

そんな興奮さめやらぬ私の横で、おばあさんは苦い顔。ゲイの人たちを蔑む言葉を並べます。戦前の日本で生まれ育ち、戦後に日系人の許に嫁いできた彼女にとっては、受け入れ難い価値観だったのかもしれません。

一方の私は、受け入れるとか、受け入れないとか、そういう関わりを持つ前に、まるで珍しい生き物でも見たかのような騒ぎよう。ハッキリ言って、失礼です。けれどもそれが、偽らざる私の最初の反応でした。そして、たとえ性の多様性に寛容なサンフランシスコであっても、否定的に見ている人たちがいることも知らされました。


時は流れ、その街の住人になった私は、同性同士のカップルを見ても、目の前で熱いキスを交わされても、微動だにしなくなりました。特別なことではなくなったのです。ぶっちゃけた話をすると、彼らはライバルでした。本当はライバルにもならないのですが、そう思ったのには訳があります。

あるパーティに行った時のことです。ナイス・ルッキングで引き締まった身体の男性がいました。その彼が、爽やかな笑顔で近寄ってきます。会話も弾み、いい感じになったところで、その人が言ったのです。

「僕のパートナーを紹介するよ」

だろーな。そうだろーな。男前で、背が高く、オシャレで、会話も楽しい。パートナーがいない方がおかしい。どんな美女を紹介されるかと覚悟を決めた私の前に現れたのは、まさかの男性。

嗚呼、そうだった。ここは、サンフランシスコ。素敵な男性には、素敵な男性のパートナーがいるのです。ここで紹介されたのが、女性であれば話は別。たとえ絶世の美女であったとしても、女性であれば、生物学的には私と同じ。見掛けが大きく違ったとしても、それは好みの違い。好みは変わることもあります。望みはあるのです、微かでも。が、男性となれば、尻尾を巻いて引き下がるのみ。ライバルにもならないのです。嗚呼、無情。

これは都市伝説の域を出ませんが、サンフランシスコにいる素敵な独身男性のほとんどはゲイという話が、まことしやかに囁かれています。事実、私の友達で（男性を好きな）独身の女性たちは、出会いを求めるならサンフランシスコを出て行くしかないと、半ば本気で言っています。

そんな彼らですが、友達にも多くいました。十把一絡げでは言えませんが、多くの人たちはとても魅力的。美的センスに優れ、会話も面白い、一緒にいて楽しいのです。そう、特別なことなど、何もないのです。

私自身は女性で男性が好きなように、男性で男性が好きであったり、女性で女性が好きであったりするだけ。ただ、それだけのこと。事実はとてもシンプル。
けれども、シンプルな事実を、そのまま受け取れない私がいるのです。私たちは物事を認識する時、言葉に置き換えます。すると言葉という枠に物事を入れた瞬間、今度は、その言葉にとらわれ始めます。

言葉で自分を縛ってしまう

つまりこの場合でいえば、シンプルな事実を、「同性愛者」という言葉で認識します。すると、その言葉に縛られ、そして迷うのです。あの人は同性愛者だ。あの人、長男でしょ？　跡取りどうするの？

余計なお世話です。余計なお世話ですが、想像は妄想となり、そして邪推が加わり、速度をあげて爆走。もう、誰も止められません。これは、私たちの日常でもあることです。

たとえば、「病気」。「病気」は単なる事実です。けれども、その事実を事実と受け取れないのです。会社を休むと評価が下がるのでは？　ついでに、お給料も下がったらどうしよう？　このまま病気が進んで、寝たきりになったらどうしよう？　家族からも疎まれるかも……。「病気」から連想されること（主として、良くないこと）が、連想ゲームのように次から次へと。そして今度は、連想したことにとらわれる。まるで、迷いを自己培養しているようです。なんて言いましたが、他でもない私自身がそうです。

渡米すぐの頃です。声をかけられることが多くありました。世に言うナンパです。それに対してご丁寧にも「アジア人だと思ってナメているのか！」と、怒っていました。ちなみに、毎回です。相手はただ単に、声をかけたにすぎないのです。それを軽く見られたと、プンプン。それは他でもない私自身が、「アジア人女性」という言葉で自分を認識していたということなのです。

そして、その言葉に縛られ、「こう見られているに違いない」と思いこむ。ニコニコしているだけと、思われているかもしれない。何でも言うことをきく、従順な人種だと思われているかもしれない。そうは問屋が卸さないぞ！　バカにするな！　と、鼻息の荒いこと、この上なし。結局のところ、私が私自身を評価していたにすぎないのです。

話が大幅にズレました。ＬＧＢＴの話をしていましたね。お口直しといっては何ですが、ロマンチックなお話を。知り合いのレストランで働いていた、フィリピン系アメリカ人と、イタリア系アメリカ人の女性同士のカップル。ふたりの間の子どもが欲しいと、精子バンクからフィリピン人の精子をもらい受け、イタリア系アメリカ人の彼女が人工授精で妊娠。彼女たちは今、温かな家庭を築いています。養子を迎えた、女性同士のカップルの友人もいます。素敵ですよね。

勝手にジャッジするな

サンフランシスコでは毎年六月の最終日曜日に「サンフランシスコ・プライド」と呼ばれる盛大なパレードが行われます。「私のママを誇りに思う」というプラカードを持った子どもが、女性同士のカップルと。「私のパパを誇りに思う」というプラカードを持った子どもが、男性同士のカップルと。それぞれ一緒に行進している姿を見たことがあります。

正直、衝撃でした。良いとか悪いとか、好意的に受け取るとか嫌悪感を覚えるとか、色々な感情がないまぜになりました。何が子どもたちにとって、幸せなのか？

誤解を恐れずにいうと、同性愛者の方たちは経済的に豊かなことが多いです。薬物依存症の、暴力を振るう、貧しい、実の親に育てられることと、経済的に恵まれ、教育レベルも高い、同性愛者のカップルに愛情いっぱいに育てられること、どちらがいいのか。子どももいないのに、考えさせられました。

と言いましたが、この言葉の根底には、同性愛者のカップルより、実の親の方がいいに決まっているという私の思いこみ、ジャッジする気持ちがあるんですよね。


アメリカに渡ってしばらくした頃です。アメリカ人の友人に言われた言葉が、今も胸に刺さっています。それは、「どうして、ジャッジする?」です。意識をしていなかったのですが、私はあらゆる物事を、そして人までも、ジャッジしていたのです。つまり、良い悪いと決めつけ、自分のその判断が正しいと握りしめ、頑なになっていたのです。もしかしたら、その判断を他人にも押しつけていたかもしれません。

実の親に育てられた方がいいのか、同性愛者のカップルに育てられた方がいいのか。関心を持ち、我が事として考えるのは大事なことです。けれども答えを決めつけ、それによって当事者をジャッジ、判断するのは、もしかすると越権行為も甚だしいことなのかもしれません。

もっと踏み込んでいえば、私たちは何を基準に判断をするのでしょう? 自分の考えでしょうか？　そう思いこんでいますが、違うかもしれません。私たちが自分の考えだと思っていることは、今まで読んだ本、聞いた話、そして育った環境などに影響を受けています。ひょっとすると、たまたまつけたテレビで見た、偉い先生が言っていた言葉が耳に残っているだけかもしれません。

何が言いたいのかというと、自分の判断はアテにならん、ということです。そのアテにならん判断で、人さまのことをアレコレ言うのは、いかがなものか、と。

こうアツく語るのには、理由があります。あろうことか、私自身がジャッジをされてしまったのです。ありえない判断をされ、それが半ば事実として独り歩きをした。アメリカ人に「ジャッジばかりしている」と言われた私が、ジャッジをされる。皮肉なものです。では、何があったのか？　びっくりしますよ。性転換者と勘違いされたのです。つまり、元オトコだったと。

ワタシ、男に見えたの……!?

語学学校の受付で働いていた時のことです。その学校には、世界中から英語を学びに来た生徒たちがいました。ある時、あることに気づいたのです。タイ人の生徒たちが私と話す時に、喉仏のあたりを見ているのです。なぜ？　聞いてみると、驚きの答えが返ってきました。「男だったんでしょ？」。

違うー！　絶対、違うーー!!　が、その理由を聞いて、さらに驚愕。見事に話のスジが通っているのです。それはこうです。京都の寺の息子として生まれたが、自分がゲイだということに気づいた。けれども両親はそれを許さない。仕方がないので、アメリカに逃げて来た。傑作なのは、ここからです。性転換手術を受けたが、お金が足りなくて豊胸手術まではできなかった。

もうねぇ、これを聞いた時は、大声で笑ってしまいました。確かに、ガタイはいい方です。そして胸は小さくて、声も低い。喉仏まで手術をする人は少ないので、喉仏があるかどうかを確認していた彼らの観察力。さすが性転換手術先進国のタイの人たち。と、ミョウなところで感心。

そういえば、タイ人の生徒さんの中には、元男性だった方たちも数名おられました。ある時、アメリカ人の先生が、受付に真っ青な顔をして走って来られたことがあります。

「お手洗いに行ったら、女の恰好をした男の人がいたの！」と。誰のことを言っているのかわかった私は、「大丈夫、気にしないで。彼は、女性だから」と。男性同士のキスを、好奇の目で凝視していた人の言葉とは思えません。って、私自身のことだけど。

特殊なことでも、ヘンなことでもないのです。特殊だと、ヘンだと思う気持ちは私の中にあるのかもしれません。けれども事実は、特殊でもヘンでもないのです。男性が女性の姿をしていたなら、その人は女性として見てほしいのです。こちらが、アレコレ判断する必要はないのです。もちろん、最近は日本も物騒になりましたから、何かよからぬことを考えて、女性のフリをしているとしたら、これは問題ですが。

不思議だなぁと思います。英語圏・温暖な気候・公共の交通機関が発達。この三つの条件を満たす場所で、なおかつお気楽なイメージがする。ただそれだけの理由で選んだ、サンフランシスコ。けれども、サンフランシスコに住んだからこそ、出会うことができた人たち、知ることのできた世界があります。ホームレスの方が多いことや、ＬＧＢＴの人たちに寛容な街であること、そして人種の多様性。色々な国の人たちと関わることで、知らず知らずのうちに、その国の文化や歴史に触れていたのです。

文化が入り交じる語学学校

特に中国系アメリカ人の友達が多かった私は、アメリカに住んでいながら、中国の文化や歴史に詳しくなってしまいました。サンクスギビング（感謝祭）に食べる七面鳥よりも、中秋節に食べる月餅が気になるのです。日本に帰ってからも、中秋の名月の日には月見団子ではなく、月餅を買いに近くのデパートに走る私。お正月におせち料理を食べるように、この日には月餅を食べないと落ち着かなくなってしまったことが滑稽です。

これは余談ですが、「飛び地文化」という言葉を耳にしたことがあります。時代と共に、本国ではなくなってしまったり、薄れてしまったりした行事や習慣が、海外のコミュニティには残っているというものです。日本でいえば、盆踊りがあります。アメリカで、アメリカ人から、「盆ダンスに行こう！」と誘われた時は、思わず聞き返してしまいました。その友達が法被《はっぴ》を着て、「一番」と書かれた鉢巻を締めた姿で現れた時は、何かが違う……と、別の意味で驚きましたが。

今では、逆輸入するかのように、日本でも「盆ダンス」という言葉を目にするようになりました。その他には、お餅つきがあります。年末に家族、親戚一同が集まって、杵と臼でのお餅つき。日本でも、目にする機会が少なくなったのではないでしょうか。

自国にいる時は、有難いとも思わず、時にはわずらわしいものであったことが、遠く離れた海外で暮らすことにより、守らなければいけないものに変わる。大事にしなければいけないと思う、その判断でさえ、環境に大きく左右されているのです。


語学学校の受付で働いていたおかげで、中国だけでなく色々な国の人たちと接する機会がありました。ふと気になって、生徒たちの国の数を数えたことがあります。正確な数字は忘れましたが、軽く四〇ヶ国を超えていました。この国の人たちはこういう人だと、ステレオタイプに決めつけることはできませんが、それでも特色はあります。

特に顕著に違いが表れるのが、何かを依頼する時です。国を形作る体制が、そのまま依頼の仕方にも反映されるのです。

どういうことかというと、社会主義国の人たちは命令をするのです。自分にはこれが必要だからやれと。ちなみに、元社会主義国の人たちも同じです。それに対して東アジア、東南アジアの資本主義の国の人たちは、とても甘いです。甘いというのは、甘い言葉、貢物。いわゆる袖の下です。といっても高価なものではなく、負担にならないもの。ちょっとしたお菓子であるとか、花、時にはランチ（主に近くにあったマクドナルドで調達されたもの）といったものを、男女にかかわらず、さりげなく渡してくれるのです。それは私だけでなく、私の上司に対してもです。本人が意識していないところで、個人の性格といったものを超えて、生まれ育った国という環境の影響を受けている。

そもそも私自身、通っていた語学学校で働くようになったのも、私個人が評価されたのではなく、日本人としての私が評価されたのだと思っています。日本人の特色である生真面目さ、忠誠心の強さが期待され、採用されたに違いないと。まぁ実際のところ、私にそれらの要素があったかは疑問ですが。

さてさて、色々な生徒さんたちがいました。国の重要機密を知ってしまい、亡命してきた韓国人。兵役逃れで留学してきたトルコ人。兵役がある国の多さを、この仕事を通して知りました。国に帰りたくないと男泣きに泣いていた、彼のことが思い出されます。アメリカで生まれるとアメリカ国籍を取得できるので、子どもを産むためだけに、つまり自分の子どもにアメリカ国籍を持たせるためだけに来ていた中国人。何かを求めて、アメリカに渡ってきた多くの人たち。

そんな色々な国で育った、色々な人と接することで、日本という国で育った自分自身と、出遇わせてもらっていたのかもしれません。私自身を含め、みんな一生懸命だった。一生懸命生きていた。今も、一生懸命生きている。そんな私を、そして彼らを突き動かす力は、何だろうかと思います。と、言いましたが、人それぞれなんでしょうね。では反対に、生きる力を阻害させるものは？

それが、空しさなのかもしれません。

空しさの正体

たとえば、先に述べたように、私たちは「病気」という事実ではなく、「病気」という言葉から連想されることによって、縛られ、そして迷います。事実ではなく、事実を表す言葉によって迷っているのです。

そんな私たちですが、病気の辛さを共有してくれる人がいれば、頑張ることができるかもしれません。たとえ事業に失敗して、倒産したとしても、支えてくれる人がいれば、踏ん張ることができるかもしれません。健康であったり、お金であったり、人生の柱ともいえるようなものが揺らいだとしても、それによって迷いは起こるけれども、生きる力を阻害されることはないのです。

けれども、他人から見れば、取るに足らないこと、些細なことであっても、空しさを感じた時、人は生きる力を阻害されるのかもしれません。

空しさとは、空虚です。空っぽです。ふと立ち止まり、振り返った時、私は今までいったい何をしていたのだろうと思う。そう思った時、社会的地位も、財産も、家族も、そして健康であることさえ、色を失います。もしかすると、未来さえも。

渡米した当初、私は未来が見えませんでした。一ヶ月先、一週間先、いえ、明日でさえ、何をしているかもわからなかった。予定も、希望もなかった。自分にとって都合の悪い現実から逃げて、アメリカまで来たけれども、逃げることが目的となってしまっていました。その目的が達成された時、私は途方に暮れかけました。けれども、現実がそれを許しませんでした。

異国の地で生活し、食べて、生き抜いていくという現実が、新たな目標を与えてくれたのです。アメリカに骨を埋めるつもりだった私は、がむしゃらに働き、そして、生活も安定しました。で、どうする？　次に、どうする？　です。

街の景色、気候、住んでいる家、周りにいる友達、使っている言語、日常的に食べている物。これらは、日本に住んでいた時とは違います。けれども、何が違うというのでしょう？　人が生きていくという大枠のところでは、同じことです。

三〇歳を前にして、今まで積み上げてきたものを捨て去るようにして、言葉も通じない環境で生活をスタートさせた。その数年後、生活が落ち着いてきて、ふと気づく。同じだと。

では、どうする？

違う国に行って、また新しく生活を始めるのか？　幸いなことに、ヘンな自信だけはある。その国の言葉がわからなくても、お金がなくても、なんとかなるという自信。違う国に行っても、なんとかやっていけるだろう。

けれども、何になる？

何を求めて、違う国に行くのか。住む場所に彷徨《さまよ》い、人生に彷徨うなんて、あまりにも空しい。

気休めに、まるで自分をなだめるようにして、結婚相談所に入会もしてみたけれど、自分を見失っただけ。では、私は何を求めているのか？

何が本当に、私の人生を満足させるのか？

自分のことなのに、わからないの？　と思われるかもしれません。けれども、自分のことだから、わからないのです。わかっているつもりの自分自身。そもそも自分の判断でさえ、アテにならないのです。そのアテにならない判断をしていることにさえも、気づいていないこの私のことを、わかることなどムリなのです。

「私は何を求めているのか？」との問いは、私の人生はどこに向かっているのか？　ということです。それは「いのちの方向」であり、一般的な言い方をすれば「人生の目的」。そして、「何が本当に、私の人生を満足させるのか？」は、先に述べた空虚を埋めるパン以外のもののことです。このことがハッキリしないことには、たとえ他人が私の人生を評価したとしても、空しい人生です。少なくとも私にとっては、そう感じられたのです。

日本帰国後、大学で学び、今は大学院でも学ばせていただいています。学ぶ喜び、知る喜び、楽しくて仕方がありません。と同時に、ゼミに出る度に打ちひしがれる思いもしています。学べば学ぶほど、私は何も知らないということを思い知らされるからです。

それと同じで、海外に出て、生まれ育った日本とは違う価値観の中で生活をしてわかったことは、世界を知ったのではなく、私は世界のことを何も知らない、わかっていないということです。


若いホームレスの男性に、いい気で説教をしていた私ですが、他でもない私自身がそうだったのです。私は彼と同じだったのです。

「アンタは若い。それだけでなく、英語も何不自由なく話せる。なのに、なぜ働かない？」

私は彼に言いました。アメリカに渡る前、日本にいた頃の私は若く、日本語を何不自由なく話し、いい仕事もあった、収入もあった、友もいた、私のことを心配してくれる両親もいた、将来を共に過ごそうと思ってくれたお見合い相手もいた、彼も収入があり、不自由のない暮らしができた。全てといっていいほど、必要なことは揃っていた。全てを持ちながら、「くれくれ」と手を出していた。そして、そのことに気づいていなかった。私は、私を知らなかった。

ここで言いたいのは、世間一般で言われる「足るを知れ」ということではありません。現状で満足しなさいと、我慢を強いたいのではないのです。欲しいものに満たされていようがいまいが、これで満足だと満たされること。それは、欲しいもので満たされる意味の満足とは、まったく種類の違う満足です。

私たちが考える満足には、終わりがありません。

たとえば、いい学校に入学したいと思う、入学できたら万々歳。すると次は、いいところに就職したいと思う。当然です。よしんば、就職できたとしましょう。すると、出世したいと思うのが人情です。評価されないより、評価された方が気分もいい。もちろん、いいところに就職したんですから、いい人とも結婚したい。そして、子どもに恵まれ、立派な家に住みたい。そう思うでしょう。当たり前です。

でも、ちょっと振り返ってみてください。最初は「いい学校に入学したい」と思っただけなのです。その望みが満足したのに、次の望みが出てきたのです。その望みが満足したら、次の望み……。きりがありません。結局のところ、それは本当の満足ではないのです。

「何が本当に、私の人生を満足させるのか?」

この問いは、言葉を変えれば、「何が本当に、私を解放するのか?」ということです。

もっと、もっと、欲しいと思う、際限のない、望みのループからの解放です。それは、究極の自由といってもいいかもしれません。

偏見からの解放

ホームレス、LGBT、色々な国から来た人たち。私がサンフランシスコで出会った人たちは、あらゆる偏見の対象となる人たちでした。他でもない私自身が、そういう目で見ていました。恥ずかしいことですが、見下していたのです。だから平気で、公衆の面前で若いホームレスの方に説教ができたのです。

もっといえば、彼らの存在さえ無視をしていた。都合よく助けてもらった時だけ、「命の恩人です。ありがとう!」とは、調子がよすぎます。

LGBTの人たちに対しては、もっと酷いです。好奇の目で見ていたのですから。彼らは珍しい生き物ではないのです。性的指向が私と違うだけなのです。ただ、それだけなのです。

色々な国からアメリカに来た人たちも同じです。生まれ育った環境が違い、その違いが考え方や行動に影響を及ぼすけれど、それは私も同じこと。もっとぶっちゃけた話をすると、中国の人たち。皆さんは、どんな印象を持たれているでしょうか。観光地・京都の町の真ん中で生活をしていると、正直、いい印象を持つのが難しいようなことが多々起こります。

けれどもアメリカで、カタコトの英語も話せないような状態だった私の面倒をみてくれたのは、たまたま出会った中国系アメリカ人の方たちでした。もちろん、日本人の方たちも親身になってくださいましたが、意思の疎通が難しい状態、しかも、お世辞にも仲がいいとは言えない国から来た、縁もゆかりもない私に、彼らは本当に親切でした。

約束をするにしても私はこう言っていました。

「You. Come. Here. Tomorrow. 7.」

冗談なのか？　冗談と言ってくれ！

よくぞこんな英語で、アメリカで生活ができると思ったなと、過去の自分を小一時間、問い詰めたい思いもしますが……。そんな私を、彼らは温かく迎え入れてくれたのです。

偏見の目で見ていると言いましたが、結局のところ、知らないのです。相手のことを知らないから、自分の思いで判断をする。

事実を知ると、特別ではなくなるのです。ＬＧＢＴの人たちにしてもそうです。特別なことだと思う私がいるだけで、事実は特別ではない。

その事実に気づかされると、偏見の目で見ることが成り立たなくなるのです。おネエの生徒さんが女性用のトイレを使っていたと騒いだ先生に、「大丈夫、気にしないで」と言えるように。

なぜなら私自身が、気にしていなかったから。私にとって、特別なことではなくなってしまっていたから。それによって、私の思いが解き放たれる。自由になったのです。

他者を偏見の目で見る人は、自分自身をも偏見の目で見るのです。私が私を「アジア人女性」として、見ていたように。

恐ろしいことですが、私は自分が「アジア人女性」でありながら、「アジア人女性」を見下していたのです。そうして、他者を評価する人は、自分も他者から評価されるとの思いに縛られて、その自分の思いで、自分を縛ってしまいます。だから、苦しくなる。すごく、苦しくなる。

私を苦しめていたのは、がんじがらめになった私の思いです。

つまり、私の判断であり、都合です。環境や状況によってコロコロ変わる、アテにならないそれらを根拠にして、自分だけでなく他者をも偏見の目で見ていた。

けれども事実を知ることで、偏見の対象が特別ではない、当たり前のものに変わる。それによって、楽になるのです。他でもない私自身が、自由になる。自分の思いで苦しんでいる私自身から、自由になれるのです。

それは、これが満たされないとダメ、あれが満たされないとダメ、と満足することを求める思いからの解放です。

言葉を変えれば、自分で自分に条件を課している状態からの解放です。健康で、仕事も成功し、家庭円満で、それらの条件を満たしていなければ、私は幸せではない。私はダメな人間だと、自分で自分を評価する。その思いから、自由になる。

私は私だと、ありのままの私と向き合えること。受け入れることは難しくても、私自身と向き合い、私も知らなかった私と出遇う。


では、私は何を求めているのか。

そのことを、私はまだ知りませんでした。「いのちの方向」、「人生の目的」には、考えも及びませんでした。ただ、何かを求めていました。渇望していたと言ってもいいです。それは、空しさを埋めるパン以外のもの。では、私にとってのパン以外のものって、何だ？

◆教訓

癡《ち》。愚癡《ぐち》ともいい、貪欲や瞋恚《しんに》の根っこにある煩悩。愚かとも表現されるが、わかっていないことがわかっていない状態をいう。言葉を変えれば、何でも知っていると思いこんでいる無知、オメデタイことをいう。所詮、わかっていないので、往々にしてあらゆることを否定する特性がある。その中には、自己も含まれる。

第四章

光

気づかされる私

聴力も失うような辛い現実から、アメリカに逃げた私。必死に生きるなかで知らされたのは、「仮」のものや、「偽り」といった、目先の都合を握りしめている自分の姿です。正直にいうと、握りしめていることにも気づいていませんでした。だから目先の都合に振り回され、空しいことになっていることにも当然、気づいていない。当たり前のこととして、その時々の都合を基準として歩み続ける。決して本当の基準とはならないのに。じゃあ、本当の基準って何？　ブレない真実の基準、「仮」や「偽り」ではない拠り所って何？

この章では、真実の基準、言葉を変えれば、いのちを歩むのになくてはならない真実の拠り所、その真実の拠り所に、出遇うことができたお話をしたいと思います。

って、何だか、壮大な話ですね。では実際に何があったのかというと、アメリカのサンフランシスコで、お坊さんになってしまったのです。アメリカに家出をしたから、お坊さんの資格を取り、お坊さんの資格があるからお葬式を勤め、それをきっかけとして、真実の拠り所があることに気づかされたのです。ほんと、何が起こるかわかりません。

ビザのために僧籍を取る

私が僧籍と呼ばれるお坊さんの資格を取ったのは、アメリカに行ってからのことです。両親を長めのバケーションと言いくるめましたが、そもそも帰るつもりなどありません。アメリカに骨を埋めようと思っていた私にとって、問題となったのがビザと呼ばれる在留資格でした。そこでビザについて色々調べると、あったのです。まさかのお坊さんビザが！

正確には宗教活動家ビザというのですが、これは寺に生まれ育った私のためのビザではないかと、僧籍を取ることに。

ここで僧籍について、ちょこっとご説明。取得方法は宗派によって異なりますが、一般企業でいうところの本社のような、それぞれの宗派の本山《ほんざん》で試験を受け、法名《ほうみょう》をいただきます。たとえとして適切かわかりませんが、落語家さんと似ています。桂一門に入ると、桂○○、笑福亭一門に入ると、笑福亭○○と名のります。それと同じで、お釈迦さま一門に入ったので、釈〇〇、私だと釈英月です。ですので、法名をいただいた私は、仏弟子になりましたよ、ということなんです。

ちなみに戒名は、戒律をクリアすることによっていただける名前です。けれども、仏弟子になったとの思いは爪の先ほどもありませんでした。アメリカで宗教活動家ビザを申請するための資格として、僧籍を取ったにすぎないのです。自分の都合にいいからと、お釈迦さままでも利用したのです。ほんと、ヒドイ話です。

僧籍を取ったのは渡米一年後のことです。海外で暮らすのは長くても一年との約束を表面上は律儀に守り、一時帰国した時に本山佛光寺で取りました。たまたまなのですが、一年に一度、本山で行っている得度《とくど》という、出家をし、僧籍をいただく二泊三日の泊まり込み研修が、私が帰国した時期と重なったのです。なんという幸運！

が、そんなラッキーなことばかりではありません。

忘れもしません、関西国際空港に降り立ち、寺に電話をした時のことを。私だと告げると、母は黙って電話を切ったのです。両親公認の家出中の身としては、熱烈歓迎など望んでいません。しかし、もう少し優しく対応してくれても、ええんとちゃう？　一年振りなのに。なけなしのお金で、お土産も買ってきたのに……。

淋しさが怒りとなり、このまま次の飛行機でサンフランシスコに戻ってやる〜と思いましたが、僧籍欲しさに重い足取りで京都へ。

そうして、日本へは一時帰国のつもりの私と、二度とアメリカには戻らないと思いこんでいる両親との間で、壮絶なバトルの火蓋が再び切られたのです！

あぁ、しんど。といっても、両親とは生まれてこのかた三〇年来の付き合いです。今までの経験から、攻略方法はわかっています。まずは、切り込み隊長であり、優秀な参謀でもある母を落とし、その勢いで本丸である父を落とす。私は母に的を絞り、早々と恭順の意を表しました。戦ってお互いに血を見るより、話し合いによっての平和的解決を目指したのです。

平たくいうと、イソップ物語の『北風と太陽』です。私が日本に留まること以外の、母が喜ぶこと、望むことを積極的に行う、という正攻法。子ども時代に、自分の望みを叶えてもらうためにお手伝いを頑張った、あのベタな方法です。その作戦の目玉になったのが、まさかの得度だったのです。

アメリカでビザを申請するために僧籍が必要だということはひた隠しにし、得度を受けると両親に言うと、母が自分も受けたいと言い出したのです。子どもの頃から、お坊さんになりたかったと嬉しそう。って、どんな子どもだったんだ？　と思いましたが、純粋に得度をしたい母に対して、計算ずくの私は後ろめたさを感じながらも、一緒に参加をすることに。

二泊三日の研修で、母との友好を深め、北風と太陽作戦もいい感じ。僧籍も取れて万々歳！　と、簡単にいかぬ悲しさよ。自分の思い通りには、なかなかいかないものです。

それはそれ、これはこれとばかりに、得度は仲よく一緒に、でも私がアメリカに帰ることには般若の形相で激怒。和平工作もうまくいきません。向こうも私の扱いに慣れていたということです。

そうして激しい攻防を繰り返し、最後は、ワガママ娘の力技。私は自分の都合を押し通し、僧籍という資格と共に、サンフランシスコに戻りました。それによって両親との関係が悪くなることも、かといって、よくなることもありませんでした。もう既に十分悪くなっていた関係が、安定して続いただけです。つまり、両親公認の家出状態の継続です。まぁ、両親にすれば公認した思いはないでしょうから、非公認の家出状態。そうして私は僧侶として、サンフランシスコでの生活を再スタートさせたのでした。

といっても、チップ欲しさにレストランで同僚のウエイトレスとテーブルの取り合いをするなど、僧籍を持っているからといって、実際には何も変わりません。まるでペーパードライバーです。資格はあるけれど、それが生活に関わっていない。

生活に関わるようになったのは、それから四年後、最初にアメリカに渡ってから五年後のことでした。それが、お葬式だったのです。

はまちちゃんとの出会い

お葬式といいましたが、人間ではありません。ネコちゃんのお葬式です。と聞いて、動物のお葬式はご勘弁だと思う方、ハタマタ、ペットも大事な家族だから当然だと思う方、色々だと思います。ちなみに私は前者でした。

けれども、お葬式って誰のために勤めるんでしょう。亡くなった方、この場合はネコちゃんですが、その方にお浄土に行ってほしい、キリスト教的な言い方をすれば、天国に行ってほしい、宗教によって違いますが、要は、どこかいいところに行ってもらうためでしょうか？　もちろん、その側面もあると思います。

けれども、それだけではないのではないでしょうか。大事な存在を失い、悲しみのどん底にいる、残された人のためにこそ、お葬式はあるのではないでしょうか。

ネコちゃんを喪《うしな》い嘆き悲しむ友人を見て、思わず「よかったら、お葬式をするよ」と、言葉が出てしまいました。ペーパードライバーですが、お坊さんの資格だけはあります。そうして、アメリカでお葬式を勤めることになったのです。


さて、動物のお葬式はご勘弁だと思っていた私が、嘆き悲しむ友人のためとはいえ、なぜお葬式を勤めたのか。

実はこの少し前に、私自身がペットを喪っていたのです。ちなみにペットはネコではなく、ウサギでした。名前は、はまち。好きな寿司ネタの中から、語感のいいものを選んで名付けました。だって、雲丹《うに》とか赤貝って、ヘンでしょ？　まぁ、魬《はまち》が適切かと問われれば、ビミョウですが。

はまちとの出会いは、突然でした。望んで一緒に暮らし始めたのではないのです。それは、はまちも同じかもしれません。たまたま友人とショッピングセンターに行き、たまたまそこにペットショップがあり、たまたま私の誕生日が近かった。それだけのことだったのです。

ウインドウショッピングの流れでペットショップに入り、あーだこーだと喋っているうちに、以前飼っていたウサギの話を始めた友人。いかにウサギが素晴らしいかを熱く語った後で、私の誕生日が近いからプレゼントすると言い出したのです。はぁ？　ですよ。

気の早い友人は、既に大きなショッピングカートを押しています。

「必要な物は全部プレゼントするから、好きなウサギを選んできて！」

そう言うと、ケージや草、お水タンクなどを、ショッピングカートに次々と入れていきます。

ちょっと待て！　プレゼントしてくれるのは、有難い。が、アナタの出費は一時的。私はこれから先ずぅ〜っと、ランニングコストがかかるのだよ。それに第一、世話は誰がするん？　自分の世話もままならないのに。

待て！　待ってくれ！　早まるな！　と思いますが、こんなことでもなければ、アメリカでペットを飼うこともなかろうと、あきらかに魔が差した状態で、ウサギを受け入れてしまいました。それが、はまちとの出会いでした。

当時、私は台湾系アメリカ人の友人が住む3LDKのアパートメントに間借りをしていました。アメリカ風にいうと、ルームシェアです。私専用の部屋とバストイレはありましたが、リビングとキッチンは共同。そこに、はまちと一緒に帰ると、ルームメイトが笑って言ったのです。

「それ、今夜のディナー？」

違いますから！

そうして、はまちとの生活が始まりました。

知りませんでした、ペットがいることで、生活がこんなにも豊かになるなんて。それまでもペットを飼ったことはありました。数日しか生きられなかった、祇園祭の金魚すくいで手に入れた金魚をペットとしてカウントしていいかわかりませんが。サワガニや鯉を飼ったこともあります。ちなみにサワガニには、一日で脱走されてしまいました。鯉は長生きしましたが、意思の疎通がはかれたとは思えません。

では、はまちとはどうか？

会話を楽しむような関係は築けませんでしたが、名前を呼ぶと来てくれました。試しにキャサリンと呼んでみたことがありますが、微動だにしません。よく似た名前ではどうかと、花子と呼びかけてみましたが、同じでした。そっぽを向いたままです。そこで、はまちと呼ぶと、こちらを見てニコッと笑うのです。笑ったように見えたのは、親の欲目かもしれません。って、私が産んだわけじゃありませんが。

とにもかくにも、可愛い。溺愛して、ごはんを与えすぎたせいでしょうか、ミニウサギだったはずなのに、あっという間に小型犬よりも大きなサイズに。その後、私は一人暮らしを始め、はまちと一緒に引っ越しをしました。まるまると太ったはまちがルームメイトに料理されそうになったからではありません。ルームメイトがサンフランシスコ郊外に家を買い、彼女と一緒に暮らすことになったからです。

ルームシェアという間借り生活から、一人暮らしへ。家賃の負担は増えましたが、はまちにとってはいい環境になりました。それまでは一日の大半をケージの中で過ごしてもらっていましたが、部屋で放し飼いができるようになったからです。仕事から帰ってきてドアを開けると、そこにはちょこんと座ったはまちが。足音でわかるのでしょうか、毎回ドアの前でお出迎えです。

そんなはまちが、亡くなりました。ウサギは一〇年近く生きると聞いたことがありますが、一緒に暮らして一年とちょっと、短いいのちでした。病気だったのを、私が気づけなかったのかもしれません。亡くなる前の数日間、はまちはいつにも増して、私にまとわりついていました。カウチに座りパソコンのキーボードを叩いていると、私の膝に飛び乗り、一緒にキーボードを叩きます。元気でした。元気だと思っていました。けれども突然、苦しみ出したのです。

仕事をいくつも掛け持ちし、プライベートも充実していた、あの頃。私が部屋にいることは、ほとんどありませんでした。それが、たまたま部屋にいたあの日、ケージでカタカタと音がします。見ると、はまちが痙攣を起こしていました。病院に連れて行かなきゃ！と、車を持っていて、なおかつペットを飼っている友人に電話をしました。ペットを飼っている人だと、動物病院を紹介してもらえると思ったからです。

友人が来るのを待つ間にも、はまちの容態は急速に悪くなっていきます。あまりにも苦しそうな様子に、キッチンに包丁を取りに行こうとしたほどです。悶え苦しむくらいなら、一思いに刺してあげた方が楽ではないかと思ったのです。

私がそんな物騒なことを考えているのを知ってか知らでか、友人からは逐一、今、向かっている、道が混んでいると、連絡がきます。病院に行けば助かるかもしれないと、一縷の望みにすがり、包丁を手にすることはやめ、「はまちちゃん、友達が来てくれるよ。病院、行こうね」と声をかけますが、身体は激しく痙攣し、四肢を突っ張り、目をむいています。

その目でじっと私を見つめる、その視線の強さに怖くなり、「はまちちゃん、怖いわぁ。そんなに見んといて」と思ったら、そっと視線を外し、亡くなってしまいました。あまりにもあっけない死でした。友人が私のアパートメントに着いたのは、そのすぐ後のことでした。

知りませんでした。ペットを喪うのが、こんなに辛いなんて。

友人は嘆き悲しむ私を、外のカフェに連れ出してくれました。冷たくなったはまちと一緒に、私が深く悲しみに沈んでいく姿を見るのが、耐えられなかったのかもしれません。

しかし、カフェの席に座っても、思い出されるのははまちのこと。口の周りをオレンジ色に染めて、美味しそうに人参を食べていた姿が浮かびあがります。

「うぅっ。はまちちゃん……」

涙がこぼれます。ちなみに友人は男性でした。夜のカフェで向き合う男女。女はじっと下を向き、時折、涙を流す。どう見ても、別れ話がこじれたカップルです。友人を、こんな居心地の悪い状況に置いてしまったことを申し訳なく思いながらも、涙は止まりません。

正直それまでは、たかが動物だと思っていました。だから、巷でいわれるペットの葬儀については、やりすぎだ、もっといえば、ビジネスだと思っていました。

けれども、違うのです。そうではないのです。お葬式が残された人のためなら、ペットを喪い悲しんでいる人がいる以上、ペットの葬儀も必要です。だから友達がネコちゃんを亡くした時、とっさに言葉が出たのです。「よかったら、お葬式をするよ」と。

ネコちゃんのお葬式

そんな私の申し出に友達は喜び、お願いします！　と言いましたが、困ったのは私です。後先考えずに勢いだけで言ってしまったけれど、お葬式って、どうやるの？　というか、そもそも、手元に何もないんですけど。法衣も、お経本も、お念珠さえない。そんな状態なのに、いったいどの口がお葬式をすると言ったのか？　と驚きますが、言ってしまったものは仕方がありません。

父はどうしていたのかと記憶を絞り出すと、ご門徒さんから連絡が入ると枕経に飛んで行き、その後お通夜とお葬式を勤めていたことが思い出されました。そこで同じようにすることに。といっても、手元には何もありません。とりあえず近所のお花屋さんでお花を買い、友人宅へ向かいます。

ネコちゃんを喪った友人は、私にとってアメリカ生活の先輩のような日本人女性でした。彼女のアパートメントに着くと、低い和箪笥の上に祭壇が作られていて、毛布の上に横たわるネコちゃんがいました。その周りに友人たちが持ち寄ったお花やキャンドル、そして、マグロのお刺身を並べました。

そこで私はお経さんをお勤めしました。お経本もないのに、です。

「門前の小僧習わぬ経を読む」ではないですが、子どもの頃からお勤めしていた短い偈文《げもん》を思い出し（ちなみに『三誓偈《さんせいげ》』〈『重誓偈《じゅうせいげ》』とも〉といいます）、その偈文で枕経、お通夜、お葬式の全てを行ったのです。短い、短い、お経さんです。

友人夫婦と、その他の友人数人と一緒に勤めたお葬式で、記憶を頼りにこの短い偈文をお勤めした時、ふと思ったことがあります。「ひょっとしたら私は、このネコちゃんのお葬式をお勤めするために僧籍を取ったのかもしれない」と。

「はたらき」に出遇う

そうして勤めたお葬式は、悲しいけれど、とっても温かなものでした。その後は七日ごと、そして四十九日目の満中陰《まんちゅういん》が済むと、毎月、ネコちゃんが亡くなった日にお参りに行きました。百ヶ日はどうした？　と思われるかもしれませんが、しませんでした。それくらい、何も知らなかったのです。

うろ覚えの記憶を頼りに、父がしていたことを絞り出すように思い出し、とにかくお勤めしなきゃ！　の一心で、せっせと友人宅に通ったのです。

この時もまだ両親非公認の家出状態でしたが、他でもない仏事のことなので、ネコちゃんのお葬式をお勤めした後すぐに実家に電話をしました。法衣、お経本、お念珠などを送ってもらうためです。

手元に届いたお経本をコピーし、ホチキスでとめ、簡単なお経本を数冊作り、お参りの時には持って行き、一緒にお勤めをしました。そうして迎えた一周忌。いつものように『仏説阿弥陀経』、そして『正信偈《しょうしんげ》』をお勤めし終わった私に、友人が言ってくれたのです。

「ありがとう、救われた」と。

「ありがとう」と。「毎月、毎月、家に来てお経さんをお勤めしてくれて、お経さんのコピーも貰った。でも、正直なところ、意味はわからない。意味はわからないけれど、救われた。ありがとう」

そして、こう続けたのです。

「私は今まで、この存在を知らなかった。だから必要だとも思っていなかった。でも、必要。必要だと気づいていなくても、必要な人は他にもたくさんいるよ。お経さんを一緒にお勤めしただけでも、こうして救われたから、お経さんを写す写経でも始めたらどう？」と。

何でも安請け合いをする私は、お気楽に「オッケー！」と答えました。けれども今、あらためて彼女の言葉を思い返すと、その言葉を生み出した背景に驚きを隠せません。

それは、彼女が言った「この存在」です。存在の名前はわからないし、姿があるわけでもない。けれども確かに、自分に関わる存在があった。自分に関わるということは、その存在の「はたらき」を受けたということです。ちょっとわかりにくい言い方になってしまったかもしれません。ゴメンなさい。

たとえるなら、それは季節です。日本には美しい四季があります。けれども、たとえば春。春という季節自体に姿があるわけではないので、見ることはできません。なのになぜ、私たちは春の存在を知っているのでしょうか？

春の持つ「はたらき」を受けて、私たちは春の存在を知るのです。それは、空気をやわらげ、暖かくする「はたらき」であり、花を咲かせる「はたらき」です。分厚いコートを脱ぎ、桜が咲くのを見て、私たちは春が来たことを知ります。

つまり彼女は、「はたらき」に出遇ったのです。その「はたらき」によって、今まで知らなかった「この存在」というものに出遇った。彼女の出遇うことができた「はたらき」は、救いでした。

家族同然のペットのネコちゃんを亡くし、深い悲しみの中で出遇うことができた救い。その救いは、たとえばネコちゃんを生き返らせるといったような、目先の都合を叶える救いではありません。もし仮にネコちゃんを生き返らせることができたとして、どうでしょうか？　結局のところ、それは悲しみを先延ばしにしたにすぎないのです。今、生き返ることができたとしても、ネコちゃんはいつか亡くなります。

彼女が出遇うことができた救いは、そんな目先の苦悩を取り除いてもらうというような、一過性の救いではなく、根本的な救いだったのです。そして彼女自身、そのような種類の救いがあるとは知らなかった。だから、必要とさえ思っていなかった。

けれども、出遇ったのです。出遇ってしまったのです。望んでもいなかったのに！　だって、存在を知らなかったら、望むこともできません。

出遇ってしまった彼女、つまり、「はたらき」を受けた彼女は、どうなったのでしょうか？

たとえば、春という見えない季節の「はたらき」を受けると、私たちは行動に移ります。それは、コートを脱ぐ、ストーブを片付ける、といった行動です。では彼女はどうなったか？

それが、「お経さんを写す写経でも始めたらどう？」だったのです。

「この存在」の「はたらき」を、「この存在」の存在さえ知らない人たちにも知ってほしい。そう願うようになったのです。

なのに、当時の私はそこまで考えが及ばず、お気楽に「オッケー！」で片付けた。もっといえば彼女自身も、そこまで考えていたかはわかりません。って、彼女に対して失礼ですね。

けれども、浄土真宗の門徒でも、仏教徒でさえもなかった彼女の何気ない一言。その一言を思い返す度、彼女にあの言葉を言わしめた「存在」が何だったのかと、思わずにはいられません。

それだけではありません。私に強く写経をおススメしてくれた彼女は、なぜ自分自身がしようと思わなかったのか？

これが長い間、疑問でした。けれども今、気づかされた思いがします。それは、私のためだったのだと。もし彼女自身が写経を始めたら、この後に起こる展開は私には起こらなかったのです。では一体、何が起こったのか？

「写経の会」を始めるまで

結論からいうと、私はアメリカのサンフランシスコで、写経をする集まり「写経の会」を始めました。そして、それをきっかけとして、ペーパードライバーではない本当の僧侶にならしめられただけでなく、真実の拠り所があることに気づかされたのです。ほんと、何が起こるかわかりません。と、簡単に言いましたが、そこまでの道のりが本当に大変でした。「写経の会」が始まるまでと題して、一冊の本が書けるのではないか？　と思うほどです。

では、何がそんなに大変だったのか？

それは道具、場所、そして私自身の三つです。

ネコちゃんの一周忌で、写経をすることを「オッケー！」と安請け合いした私は、その足でチャイナタウンに向かいました。写経↓筆↓中国↓チャイナタウンと、連想したからです。

我ながら、安易です。そうして飛び込んだサンフランシスコのチャイナタウンは、世界有数の規模を誇ります。ここでなら筆や硯《すずり》を見つけるなんて簡単なことだと思った私は、到着後すぐに自分の甘さを思い知らされました。

筆屋さんはありますが、専門店なのです。二〇本も買ったら、来月お家賃を払えません。硯もありますが、ご丁寧に彫刻が施されています。親子三代にわたって使いたいような逸品。贅沢すぎます。もっとシンプルなデザインのもの、そして安いものはありますかと、聞いてみました。すると、手乗りサイズの硯セットをおススメされました。観光地にありがちな、お土産用です。しかも、二五ドルもします。高すぎます。おまけに小さすぎて、実用的ではありません。筆や硯はたくさんあるのに、工芸品やお土産品ではない、シンプルで安価なものがないのです。

探すのが、こんなに難しいとは思いませんでした。意気揚々とチャイナタウンにやって来た時の元気はどこへやら、力なくトボトボと歩きます。

その時です、目に飛び込んできたのは「書」と書かれた看板。これはきっと、書に関するものがあるに違いない。誘われるように、看板を頼りに雑居ビルの地下へと階段を下りて行きます。するとちょうど仙人のようなお爺さんが、お店を閉めようとしているところでした。

待て！　ちょっと待ってくれ！　私に商品を見せてくれ！　と、閉まりかかったドアに片足を突っ込み、身体をその隙間にねじ込むようにして店内に入ります。

あるわ、あるわ、筆がある！

しかも、お値段一桁です。閉店間際というか、閉店途中に飛び込んできて、筆を摑んで嬉々としている私を見て、なぜかお爺さんも笑顔で筆を鷲摑み。見ると値段が違います。それ、一ドル高いんですけど。いいよ、いいよと、おまけしてくれました。ついでに、当時八・五パーセントだった売上税も、おまけ。しかも、墨がいると言う私を、安い墨を扱っているお店まで連れて行ってくれました。

驚いたのは、お店から出てくるまで、お爺さんが外で待っていてくれたことです。ちゃんとお目当ての品が買えたかと聞くので、ビニール袋に入れられた墨を見せると、大喜び。はじめてのおつかいでもあるまいし、おまけに私、オトナだし、そんなに頼りないように見えたのかと不安になります。と同時に、見ず知らずの私を心配してくれたことに、心が温かくなりました。お爺ちゃん、ありがとう。

しかし足を棒にして、半日もかけてチャイナタウンを歩き回って手に入れることができたのは、筆一〇本と墨五本。予算オーバーで、筆は一〇本しか買えませんでした。硯は？半紙は？　と思いますが、道具一つ探すのでさえこのありさま。ほんと、大変！

場所探しは、もっと難航しました。「オッケー！」と安請け合いはしたけれど、場所どうしはるん？　です。

当時住んでいた一人暮らしのアパートメントは、スラム街にありました。余談ですがこの数年後、日本のテレビ局の取材があった時は、丸く穴を開けた紙袋にカメラを隠して撮影されていました。カメラを手に持って撮影できないほど、危ない場所だったのです。その番組の放送が終わった後、大事な社員をあんな危険な場所に行かせてはアカン！　と、社内で大問題になったそうです。事実、日本で販売されていたガイドブックでは、私が住んでいたエリアは赤線で囲まれ、「昼間でも絶対に立ち入らないこと」と大きく注意書きがされていました。

おまけにアパートメントはstudio。日本でいう、ワンルームです。座るとなったら四人でいっぱい。残念ながら私の部屋は、会場として提供できません。

でも、大丈夫！　日系のラジオ局でパーソナリティを務めていた私は、自分で言うのも何ですが、顔が広かった。仕事で付き合いのある方たちにお聞きすれば、なんとかなるとタカを括っていました。ほんとお気楽。が、実際にお願いしてみると、これがまた大変。

そもそも、私の条件が厳しすぎたのです。

1．机や椅子などがあり、書くことができる環境であること。

2．せっかく出会えた人たちと、写経の後は一緒にお茶を飲んでおしゃべりしたい。だから、お湯がいただける環境であること。

3．無料。だって、お金がないんだもん。

これに、私が公共の交通機関で通える場所という条件も加わります。もうねぇ、厚顔無恥とはこのことです。けれども幼少時から心臓に毛が生えていると言われ続けてきた私、図々しくもお願いに行きます。そんな私に、皆さんとっても好意的&協力的。快く自宅の提供を申し出てくださったり、会場探しを一緒にしてくださったりと、ほんと有難い。有難いのですが、希望に合った場所はなかなかありません。残念無念。

けれどもなぜか「絶対に見つかる」と、確信があった私。何のアテもないのにです。お気楽なのにも、ほどがあります。

そんなある日の午後のこと、アメリカの母と慕うSママから電話がありました。

「今週末、ブランチでもどう?」

ちょうどアジア美術館で「手塚治虫展」が行われていたので、美術館のカフェで食事をしようということになりました。そうして迎えた週末、カフェで冷やし蕎麦サラダを食べながら、最近のことを、お互いキャッチアップ。いわゆる近況報告です。

「写経の会を始めようと思っているんですけど、場所がなくて。色々な方に聞いたんですけど、テーブルがあって、お茶が飲めるようにお湯の設備があるとこって、なかなかないんですよねぇ」

ちゅるるる……（蕎麦をすする音）。

「うちの店、使えば？」

ちゅ……。

「……え？」

口から蕎麦、出ています。

「うちの店でよかったら使ってちょうだい。そのかわり、私も参加させてね」

こうしてあっさり決まってしまいました。

Sママのレストランがあるのは、交通が便利な一等地。落ち着いたオトナの隠れ家風のお店。レストランだから、当然、机も椅子も、お湯だってある！　おまけに、タダだ！

理想の、そして、これ以上ない最適の場所です。灯台下暗し。Sママ、ありがとう！

しかし、こんなに簡単に決まってしまうなんて……。びっくり。

何も知らないのに写経はできぬ

道具探しに、場所探し、それぞれ大変でしたが、三つ目の私自身の問題と比べれば、なんでもないことでした。では、私の何が問題だったのか？

実は何も考えずに「オッケー！」と、安請け合いしたのではなかったのです。アテがあったのです。実家の大行寺で「写経の会」を行っていることを知っていた私には、そこで使っている資料を送ってもらい、コピーして使えばいいとの腹積りがあったのです。

そこで私は、実家に電話をしました。非公認の家出状態も六年近く経つと、いきなり電話を切られることもなくなっていました。認めはしないけれども、排除もしない。しかも今回は、「写経の会」の資料を送ってというお願いです。両親も喜んでくれるのではないか？　ぶっちゃけていうと、こんなお願い事をするようになった私を少しは認めてくれるのではないか？　そんな思いもありました。まぁ、親がどう思ったかはわかりませんが、とにもかくにも、資料はすぐに送ってきてくれました。

届いたA４サイズの封筒を開けると、待ち望んだ資料が入っています。そそくさと取り出して、読んで、愕然としました。意味が、まったくわからないのです。

たとえば、「南無阿弥陀仏」。

もちろん知っています、お念仏です。物心つく前から本堂に座り、手を合わせ、口にしていました。

けれども、もし「南無阿弥陀仏って何ですか？」と、「写経の会」に来られた方から聞かれたら、答えられないのです。「お浄土」も同じです。「西方極楽浄土」とも言います。では、お浄土は西にあるのか？　西にまっすぐ進めば、元の場所に戻ってきます。地球は丸いですから。じゃあ「お浄土」って、どこだ？　てか、そもそも、何だ？

もうねぇ、わからないことばっかりですよ。自分がわかっていないのに、さもわかったような顔をしてコピーをして配るなんてことは、とてもできない。

そこからです。そこから、仏教と初めて向き合いました。日本から仏教書を送ってもらい、勉強をしました。けれども、よくわからないのです。小・中・高と、国語の成績はよかったのです。国語が得意な私をもってしても、仏教書は理解ができなかったのです。誰が、誰に対して、何をした。これが、読み取れないのです。行間を読むこともできません。もっとハッキリ言って〜と、思います。

ちょうど、その頃のことです。働いていたラジオ局が、建物の老朽化により引っ越すことになりました。その引っ越し先が、なんと！　まさかのお寺。

宗派が一〇あるといわれている浄土真宗の中のひとつ、本願寺派さんが母体の「米国仏教団」に間借りさせていただくことになったのです。アメリカでお寺？　と思われるかもしれませんが、米国仏教団さんがその活動を始めたのは、明治三二年（一八九九年）。一二〇年以上もの歴史があります。

しかし、何なの？　この展開！

私がアメリカで仏教に興味を持つようになったのを見計らうかのように、お寺の建物の中にお引っ越しなんて！

嬉しい偶然は、まだ続きます。たまたま年末だったので、社長から「新春の特番は、北米開教区の開教総長にインタビューして」との指示がありました。そうして迎えた収録当日。雑談の中で、「写経の会」を始めようと思っていること、でも仏教がまったくわからず、本を読んでも意味がわからない、本によく登場する阿弥陀さまって何ですかねぇ〜と、何気なく話した私。

するとと当時の開教総長が、困ったような、それでいて心から面白いというような表情で「阿弥陀さまがわからないかぁ」とおっしゃったのです。

「はい。わからないから、阿弥陀さまのお話をしてください！」

え？　どさくさに紛れて誰だ？　開教総長にこんなことを頼むのは！

しかし、次におっしゃった言葉が凄かった。

「お話をしてあげるから、仕事が終わったら、これからはここにいらっしゃい」

え！　ええの？

そうして、有難くも、贅沢な授業が始まったのです。気安くおっしゃってくださいましたが、全米を飛び回るだけでなく、日本への出張も多い中、定期的にお時間をいただくのは、有り得ないようなこと。「有ること難《かた》し」、まさに、「有難い」です。

しかも、私の仕事が終わる時間まで、いつも総長室で待ってくださっていたのです。なので、お話をお聞かせいただく日は、仕事が終わると一目散に、「米国仏教団」の本部ビルに向かいました。坂の多いサンフランシスコの町を、息を切らしながら小走りで進む。自分の息遣いまでもが、鮮明に思い出されます。と同時に、あの時の私を突き動かした「はたらき」は何だったのか？　何が、あの行動を私に取らせたのかと、思います。

そうして、アメリカのサンフランシスコで「写経の会」を始めることができたのは、私が渡米して六年後のことでした。場所は、カストロ地区にある、おしゃれなレストラン。Sママのお店です。筆、硯、墨に墨汁、半紙などの道具も揃いました。資料も作りました。写すのは、親鸞聖人が書かれた『正信偈』です。

会を始めるにあたり、ひとつだけ心がけたことがあります。それは、宗教色を消すということです。『正信偈』を手立てとして、自分と向き合う時間を過ごしてほしい。アメリカで「写経の会」を始めるということで、新聞社から取材を受けました。記者の方から「目標は?」と聞かれましたが、「ないですね」と即答したことを覚えています。ゴールとして向かうところがあるから、その通過点として始めたのではないのです。何かを得るためでも、ありませんでした。ネコちゃんのお葬式を縁として、たまたま始めることになっただけなのです。

寺から逃げたはずがアメリカで僧侶になった私

月に一度の「写経の会」でしたが、この会を通して、そして参加してくださる方たちによって、私は僧侶にならしめられました。

もちろん、会を始めた時から僧侶でした。けれどもそれは、僧籍を持っているというだけのこと、ペーパードライバーのようなもので、私の生活にも、人生にも、まったく関わることがなかったのです。それが回を重ねることで、教えに関わるのではなく、教えそのものの中にいのちをいただいていたことに気づかされていったのです。

それだけではありません。この会に参加してくださっている方たちから、「お寺をつくろう！」という声があがってきたのです。

え？　何、その展開！

お寺というのは、それぞれ建立された歴史的背景や地域差があります。なので、一概にこうだと決めつけることはできません。けれども私自身、お寺に生まれ育ち、おこがましい言い方ですが、お寺はあって当たり前だと思っていました。昨今の言い方だと、「お寺ファースト」です。大行寺でいえば、まずお寺がある。そこにご門徒さんであるとか、参拝に来られる方たちがおられる、そう思っていたのです。

けれども「写経の会」を通して、果たしてそうなのかな？　と、気づかされたんです。つまり、まず人なんですね。一生懸命に生きている人がいるんです。

では、何に一生懸命かというと、自分の都合に一生懸命なんです。「仮」のものや「偽り」のものを必死に握りしめて、生きている。そうすると当然、行き詰まる時がきます。おまけに、都合はころころ変わるから、人生の方向だって見失い迷子になっちゃいます。

わずか漢字八四〇字で構成されている『正信偈』には、親鸞聖人が出遇うことができた教えと、その「はたらき」が、ギュッと凝縮されて書かれています。つまり、知らず知らずのうちに、親鸞聖人に生きてはたらいた教えに、触れさせていただいていたのです。それが「仮」でも「偽り」でもない、真実の拠り所だったのです。

真実の拠り所が、親鸞聖人に生きてはたらいた教えなら、目に見えないその教えが、目に見える形となったのが、阿弥陀さまであり、お寺なのかもしれません。そして回を重ねる毎に、「写経の会」の集まりが、まるでお寺のようになってきたのです。

けれども、阿弥陀さまの「はたらき」と向き合えるのは、月に一度の会の時だけでした。いつでも必要な時に向き合える場所があるといいね。そんな声が出てきて、それがお寺をつくろうという動きになったのです。

しかし、お寺から家出してきた私が、まさかアメリカでお寺をつくることになるとは！

びっくり！

◆教訓

煩悩は雲や霧。心に立ち込め、真実を覆い隠す。私たちは、人生の方向を失う。否、迷っていることにも、闇の中にいることにも実は気づいていない。光が射し込み、闇が破られ、初めて気づかされるのだ。あぁ、迷っていた、闇の中にいたと。同時に、雲や霧の上に太陽があるように、既に闇を包み込む光があったことをも知らされるのだ。

第五章

浄土

「今、ここ」を生きる

日本に帰ってきちゃいました！

アメリカから日本に帰ってきて、今年の夏で一〇年になります。
え？　お寺は、どうなったん？
てか、なんで日本？
アメリカに骨を埋めるつもりで、僧籍まで取ったんとちゃうの？
自分自身のことですが、ツッコミどころがいっぱい。

実は実家の寺の事情で、京都に帰ってきました。アメリカに家出をして九年半後のことです。跡継ぎだった弟が、寺を出てしまったのです。理由はわかりません。色々、考えられることはありますが、所詮、それは私の邪推です。もっといえば一〇年以上の時が経ち、弟自身も出て行った理由が変わってしまっているかもしれません。そもそも、理由などはどうでもいいのです。それは単なるきっかけにすぎません。事実は、弟が大量の家財道具と共に出て行ったということ。そして、出て行く前に電話で話したということ。

「お姉ちゃん、お寺が嫌だから帰ってきて継いで」

耳に残る弟の言葉です。

そんな簡単な一言で、私の人生を変えるのはやめて！

腸《はらわた》が煮えくり返るような怒りを覚え、思わず声を荒らげそうになった時、子どもの頃に弟が言った言葉が思い出されたのです。

「僕には将来がない」

生まれた時から寺の跡継ぎという立場だった弟は、大きくなったら何になりたいという多くの子どもたちが持つであろう、将来の夢を見るということができなかったのです。

たかだかお見合いが嫌だと家出をした私とは、姉弟とはいえ、立場も、プレッシャーも違ったのです。その中で一生懸命、辛抱し、頑張ってきたのかと思うと、声を荒らげることもできず、言いたい言葉をグッと飲みこみました。代わりにできたのは、「お寺を出て行ったら、もう二度と戻っては来れないよ。それでも、いいの？」と、聞くことだけでした。

自分が厄介な立場になるのが嫌だから、弟を引き留めたいと思ったのではありません。純粋に、弟のことを心配して聞いたのです。一時の感情で、本人の望まない人生を歩んでほしくないと。

けれども弟の返事は力強く、「帰ることはない。もう一生、会うこともない。両親を頼む」でした。それまで好き勝手やってきた後ろめたさも手伝い、私はそれ以上、何も言うことはできませんでした。

両親は私がアメリカでお寺をつくろうとしていたのを知っていたので、弟夫婦が寺を出た後も、アメリカで頑張りなさいと言ってくれました。お互いの都合を主張し、壮絶なバトルを繰り広げていたのに、です。

私の人生の選択を尊重し、応援してくれたことが嬉しかったとともに、そんな両親を誇らしく感じました。もう時効だから言っちゃうと、実は父からは何度か電話がありました。「これからどうしよう。帰ってきて」と。その言葉に、ほだされたわけではありません。夏目漱石の『草枕』ではないですが、「智に働けば角が立つ。情に棹させば流される」です。

ソロバンを弾きアタマで判断するのは無味乾燥で淋しい、かといって情に重きを置くとずるずると流されてしまいます。が、そもそもソロバンを弾くまでもなく、私が日本に帰るという選択は有り得ませんでした。だって、損なんです。損も損、大損！

重要文化財がある寺だといっても、観光寺院ではありません。おまけにご門徒さんも少なく、両親が公務員として働いたお金を全てつぎこんで、なんとか維持してきた寺です。親鸞聖人のご法事である報恩講などの法要を、ご門徒さんと一緒にお勤めする度に寺の赤字は膨らみ、両親個人の預金から持ち出しで補填。寺を継ぐのであれば、寺を維持していくために、他の仕事に就かなければなりません。

それだけではありません。お寺業界、お坊さん業界は、男社会。おまけに、アメリカで「写経の会」をやっていたといっても、仏教初心者の私です。

それに対して、アメリカでの生活は違いました。渡米当初こそ食べるのもやっとでしたが、一〇年近く住んでいると生活も落ち着いてきます。とびっきりの贅沢はできずとも、日々の生活に困ることはありません。家族のような友人たちもいました。それだけではなく、アメリカにお寺をつくる！　と、志を同じくする仲間もいました。支えてくれる人たちもいました。物心共に、恵まれていたのです。

比べるまでもないのです。日本に帰ったら、絶対に損をするのです！

でも、私は帰ってしまいました。一緒にお寺をつくろうと、多くの人たちが担ぎ上げてくれた、その神輿から降りてしまったのです。大切な仲間と実家の寺を天秤にかけたような、後味の悪さが残りました。日本に帰ることを最初に伝えたのは、「写経の会」のメンバーの人たちでした。怒る人、泣く人、色々でした。けれども最後には、温かく私の背を押してくれました。

お寺こそできていませんが、今もアメリカで「写経の会」を続けてくださっています。私が日本に帰って一〇年も経つのに、まだ続いているのです！　びっくりです。

ではなぜ、大切な人たちを裏切るようなことをしてまで、私は損をする方を選択したのか？

後付けの理由は、いくらでも並べることができます。自分の都合に振り回されてアメリカまで家出した、そのアメリカで、都合に振り回されることの痛ましさを知った。だから、たとえ損をしても自分にとって都合がいいことを求めるのはやめた、とかね。確かにそうです。けれども決定打となったのは、やはり「写経の会」でした。

「写経の会」から考えたこと

「写経の会」を通して、お寺をつくろう！　という動きが生まれてきたように、会自体がお寺のような空間になっていたのです。そこに集まってくださる方たちは、私にとって実家の寺のご門徒さんたちを思い出させる存在でした。

当たり前すぎて今まで深く考えることもなかった、ご門徒さんと寺との関係について、会を通して考えるようになったのです。

最近は色々なご縁の中で、ご自身の選択で大行寺のご門徒になられる方も増えてきていますが、古くからのご門徒さんは、家と寺の関係によっていただいたご縁でした。たまたまその家に生まれたから、その家に嫁いだから、大行寺とのご縁ができた。自分の都合や計らいを超えたご縁です。それって凄いな、って思ったんです。

数は少なくても、そのようなご門徒さんたちに護っていただいて、今の大行寺があるんだなって。それを寺側の都合で、継ぐ人間が寺を出ましたでは、あまりにも無責任というか、失礼なことだと。そこに向き合っていかないといけない、そんな思いに突き動かされてしまったのです。

それと、両親です。子どものいなかった大行寺に、同じ佛光寺派の寺の次男だった父が養子に入り、その後、母と結婚しました。両親が寺を継いだ時、寺は荒れに荒れており、近所では「ボロ寺の大行寺」として有名だったそうです。私が子どもの頃は、雨が降れば、本堂にお鍋やボウル、丼を並べた記憶があります。雨漏りをしていた本堂の屋根を葺《ふ》き替えるなど、毎年、寺のどこかに手を入れていました。今になって思えば、ボーナスが出る度に、工事をしていたのでしょう。そうして身を削るようにして寺を維持してきた両親の背中を見て育った私にとって、両親には大行寺の畳の上で死んでほしい。子どもの欲として、そう思ったのです。

そんな両親への思い、ご門徒さんへの思い。義理と人情に突き動かされて、帰ってきてしまったのです。

誰かのせいにするのはもう飽きた

そう、帰ってきて〝しまった〟のです。夏目漱石も『草枕』で続けて言っています。

「意地を通せば窮屈だ。とかくに人の世は住みにくい」。寺の娘としての意地を通してしまった私、一〇年近く振りに帰ってきた京都は、住みにくかったぁぁぁ。もぅ、大変。

日本に帰るにあたり、ひとつだけ自分に課したことがありました。それは、弟の〝せい〟とは絶対に思わない！　ということです。

日本に帰るのは誰のせいでもない、自分の判断。弟の〝おかげ〟でいただいたギフトのようなもの。何があっても、弟のことは絶対に悪く言わない。そう、固く誓いました。

なぜなら、弟の〝せい〟にした瞬間に、私のアメリカでの過去と、これからの未来が、全て打ち消されるような気がしたからです。

思い起こせば大学受験の失敗から、私はずっと誰かの〝せい〟にし続けていました。希望の大学に行けなかったのは、家庭教師の教え方が悪かったせい。アメリカでの極貧生活の苦労も、お見合いを強要した両親のせい。自分の人生なのに、他人のせいにして責任を転嫁する。空しいことです。

アメリカで、爪に火を点すようにして手に入れた多くのものを手放し、日本に帰るのです。誰かのせいにして、ふてくされ、不本意な思いで人生を消費するようなことは、もう二度としたくない。私は自分の判断で、日本に帰ると決めました。些細なことかもしれませんが、飛行機のチケット代や引っ越し費用を、両親は出すと言ってくれました。出させてほしいとまで言ってくれましたが、断りました。正直、喉から手が出るほど欲しかったです。けれども、貰ってしまったら、この先、辛いことが起こると「両親のために帰ってきてあげた」。そんな気持ちが出てくることが、嫌だったのです。自分の判断で、決断で、そしてお金で、帰ってきたかったのです。

京都に帰ってきたのは、三八歳の時です。が、ここからが大変でした。どん底です。だって、もう一度言いますが、三八歳ですよ。おまけに、職ナシ、独身。一〇年近く日本を離れていましたから、社会生活全般にわたってあらゆることを再構築しなければなりません。自殺という言葉は軽々に使う言葉ではありませんが、アメリカで築き上げた社会的な繋がりの死という意味では、まさに自殺です。

そこまで覚悟をして帰ってきましたが、実際は想像以上。気を抜けば、「弟のせいで……」との気持ちが、わき上がってきます。

そんな時、私が心の支えにし、大事に握りしめ、まるで拠り所のようにしたのが義理であり、人情でした。

けれども、世間は甘くないのです。いえ、表面は甘いのです。優しい言葉もかけてくれます。「弟さん夫婦が出られて大変ね、大丈夫？」とおっしゃってくれますが、目の奥は笑っているのです。他人の不幸は蜜の味。義理人情は絵空事、世間の現実を思い知らされました。

それだけではありません。私の大変さをよく知ってくれているであろう親戚までもが、「救世主ヅラをしている」と、あちこちで言いまわっていることを知り、深く傷つきました。

あれは、辛かった。こんなに自分を犠牲にしているのに、こんなに頑張っているのに、こんなに一生懸命やっているのに……。悲しさと悔しさと腹立たしさと、親戚にも理解されない孤独感に押し潰されそうになりました。

ですが、親戚が言った言葉は正しかったのです。

アメリカでの生活も、自分の人生も犠牲にして、一生懸命にやっていると思っていた私。何に一生懸命だったのか？

それは、私の思いです。自分の思いに、自分が良かれと思うことに一生懸命だったのです。お寺の危機だ！　ご門徒さんのためにも、責任を果たさなきゃ！　両親にも恩返し！…………。正に、救世主気取りです。小賢しい。義理人情という正義の剣を必死に振りかざす姿は、悲しくも哀れです。

けれども、その剣を握るしかなかったのです。全てを捨てて日本に帰ってきたけれど、現実は想像以上に大変でした。

弟夫婦は家財道具一式を持って行ってしまったため、階段の電球から、シャワーヘッド、生活用品のありとあらゆるものが家からなくなっていました。そこに、ポツンと残された両親。両親の喪失感は、私には想像もできないことです。弟夫婦が出た後、寺に出入りをしてくださっていた業者の方たちが、我が事のように憤っておられたのが印象的でした。「弟さん夫婦は、あんなに大事にしてもらっていたのに、これは酷すぎる」と、男泣きに泣かれる方もいて、改めて両親の苦しみを知らされた思いがしました。

ね、どん底でしょ？

まるで、金太郎飴です。どこを切っても、問題しか出てこないんですもん。私個人の問題、弟の問題、両親の問題、寺の問題、問題、問題、問題！　Nooooooo!!

人生の荒波に、溺れるような思いでした。別に比べるようなことでも、たとえるようなことでもないですが、アメリカに家出をした時の状況は、監視員がいる流水プールで溺れていたようなものです。が、日本に帰ってきた時は、冬の日本海に頭から放り込まれて溺れていたようなもの。おまけに、ふと横を見ると、家族みんなが溺れています。救命ボートも、浮き輪もない。憐れ、海の藻屑と消えるのか……。


そんな私を救ってくれたのが、仏教だったのです。

アメリカでネコちゃんのお葬式を勤め、それをきっかけとして「写経の会」が始まりました。その会を通して、教えに出遇ったと思っていましたが、それは教えの存在に気づかされた程度のことだったのです。それに対して、日本に帰ってきた時の教えとの出遇いは衝撃的でした。私は、仏教に摑まれたのです。

（今さらですが！）仏教を知る

仏教とは仏の教えであり、もっと踏み込んでいえば、仏になる教えです。そう聞くと、「仏」というゴールがあり、そこを目指して進んでいくというイメージができてしまいます。ですので、私たちが仏教を考える時に問題になるのは、目指す方法であり、心構えです。方法とは、お経さんの勉強をする、座禅などの修行をする。心構えは、他人に優しくとか、怒らない、そして、いい人になって、など。

さて、それはアメリカでお寺をつくろうとしていた時のことです。

登記方法など、色々調べるなかで、お寺を新しく開くのには、住職になるのに必要な、教師という資格がいることがわかりました。名前は同じですが、学校で教えることができる教師資格とは違うものです。

私が属している浄土真宗の佛光寺派では、この資格を取るためには夏安居《げあんご》と呼ばれる、一年に一度行われる、一週間本山に泊まり込んでの研修を二回受け、試験を受ける必要があったので、日本に一時帰国をしました。アメリカに渡って、九年目の夏でした。

その夏安居で、忘れられないことがあったのです。研修では、真宗学、仏教学、布教、声明法式、法規などを学び、それぞれに試験が行われます。合格点に達しなければ、追試。それでもだめなら、もう一年追加で受講です。最終日の前日に行われる試験に向けて、教室でみんなが必死になって自習をしていた時のことです。

勉強の邪魔をしてはいけないと思いつつもわからないことがあったので、近くに座っていた先輩に質問をしました。すると親切丁寧にテスト勉強のポイントまで、教えてくださったのです。大助かり、有難いことだけど、ふと思いました。私に教えている時間、それは本来、自分の勉強のために使える時間だと。

そもそも一緒に試験を受ける私は、ある意味ライバルです。それなのに、自分が学んできたことを、惜しげもなく私に伝えてもええの？　ライバルにもならないような存在かもしれないけれど、それでも、申し訳ないような思いがしたので、正直に聞いてみました。するると、驚くような答えが返ってきたのです。

「自分だけが抜け駆けするような試験じゃないから」

……………。ゴメンなさい。私は抜け駆けすることしか考えていませんでした。

だって、試験って、そういうものでしょ？　頑張って、努力して、勉強して、一点でもいい点数を取る。少しでも上の順位になる。受験戦争という言葉が世に出て数十年。昨今は、幼稚園に入園する試験も熾烈を極めていると聞きます。まだ赤ちゃんといってもいい、この世に生を享《う》けてわずか数年で、試験という名の戦争にかり出される。赤ちゃんだって戦っているのです、僧侶の世界とて同じ。そう思っていたのです。

「仏」というゴールがあり、仏教を学ぶ者として、そこを目指して進んでいくのなら、夏安居の試験で一点でもいい点数を取りたい。他よりも、抜きん出たい。そのためには、わざわざ他人の足を引っ張ることまではしなくとも、抜け駆けくらいはする。正々堂々する！

そう思っていた私に、そういう試験じゃないと言った彼は、「試験の結果ではなくて、仲間と一緒に学ぶ過程が大事」と言葉を続けたのです。

あぁ、恥ずかしい。穴があったら入りたい。なかったら、穴を掘ってでも入りたい。私はその大事な仲間を、ライバルだと見ていたのです。と同時に、あれ？　と、何かが引っ掛かりました。私が思っていた仏教と、今、私が学んでいる仏教は何かが違うと。この仏教は、ゴールを目指さないの？

その引っ掛かりを抱えたまま、翌年、二回目の夏安居を受講しました。冬の日本海に頭から放り込まれて、溺れているような状態の時です。問題が金太郎飴状態の、あの時。おまけに、カラッと爽やかなカリフォルニアの気候に慣れた身体で飛び込んだ、日本の夏。飛行機のドアが開いた瞬間、熱帯かと思うような重く生暖かい空気が流れ込み、気づいたら、鼻血が出ていました。後で病院に行ってわかったことですが、免疫力が著しく低下していたのです。

そもそも日本に帰ってきた事情が事情で、しかも急な国際引っ越し。疲れが溜まりに溜まって、肉体的にも精神的にもズタボロ状態。それでも夏安居が開かれるのは年に一度。今回見送れば、次回は一年後です。ドクターストップがかかりそうになりましたが、一年間も時間の無駄遣いはできないと、点滴を打って受講。

気合、根性、努力！　これだけで、アメリカ生活を生き抜いてきたのです。「為せば成る、為さねば成らぬ何事も、成らぬは人の為さぬなりけり！」と、這うようにして臨んだ夏安居。そこで衝撃的な言葉と出遇ったのです。そして、私は仏教に摑まれたのです。

その前に、物語を少しばかり。一般に「王舎城の悲劇」として知られているお話です。王舎城とは、インドのマガダ国にあったお城の名前です。この国で、ある事件が起こります。王子・阿闍世《あじゃせ》が、父であり国王である頻婆娑羅《びんばしゃら》を牢獄に幽閉したのです。王妃・韋《い》提希《だいけ》は、ひそかに食べ物を運んで助けようとしますが、阿闍世に見つかり殺されそうになります。助けに入った家臣によって、韋提希は危うく一命を取り留めますが、頻婆娑羅は我が子によって殺されます。悲惨です。これは、辛い。「王舎城の悲劇」の名に恥じない悲劇っぷり。古今東西、誰が聞いても、これは悲劇です。


さて、それから時は流れ、鎌倉時代の日本。浄土真宗を開いたとされている親鸞さんは、ご自身の著書でこの「王舎城の悲劇」に触れ、こう記しています。

「浄邦《じょうほう》縁熟して、調達《じょうだつ》、闍世《じゃせ》をして逆害を興ぜしむ」

浄邦とは浄土のことです。浄土の縁が熟したから、調達（提婆達多《だいばだった》）が阿闍世を使って親を殺させようとした、というんです。

びっくりしました。衝撃といってもいいほどの驚きでした。誰が聞いても悲劇だと思うこの話を、浄土の教えに出遇う縁が熟したと受け止めた親鸞さん。ハッキリ言って、教えとか、そういうムツカシイことは、まったくわかりません。この言葉の意味もわかっていたとは言えません。けれども驚きと共に、研修で聞いたこの言葉に私は摑まれたのです。

この世の終わりのような悲劇でさえも、縁が熟したと受け止められた歴史的な事実があったということが、私を強く支え、そして救いとなったのです。と同時に、私は仏教に引き込まれました。いったい何なんだ？　仏教って、ただの教養の話じゃなかったの？　と。それは、新たな引っ掛かりでした。私が思っていた仏教と、何かが違うというあの引っ掛かりです。

ホントの仏教

その引っ掛かりが決定的になったのは、二回目の夏安居を受講した翌年に、本山佛光寺で受けた布教使になるための試験の時です。

布教使とは、法話をする人のことです。佛光寺派では布教使には資格があり、研修を受けた後、法話の実技試験と、教学的なことを問われる試問試験を受けます。

が、そもそも布教使になるつもりなどなかった私。たまたま夏安居でご一緒させていただいた先生方から「試験を受けろ」と強く勧められ、あまり深く考えずに「は〜い」と答えたため、受験をすることに。ノンキな話ですが、申し込んでから事の重大さに気づいたのです。

が、時既に遅し。人生で経験する中でも最大級の緊張感で受けた、法話実演の試験。お話をする前に、おりんを決められた回数、決められた強さの音で鳴らすのに、あまりの緊張で手が震え、りん棒が飛んでいきそうになったほど。

そんな私を見て先輩たちが異口同音に言ったのが、「落ち着け。これは、落とすための試験ではない」です。

え？　ちょっと待て！

落とすための試験でなかったら、なぜ試験を行う？

その理由は、こうでした。大事なことは合格することではなく、それからの歩み。本人の自覚のために試験を受けさせ、そして、その後は育てていく。だから、安心して試験を受けろと。

生まれてこのかた様々な試験を受けてきましたが、落とすためではない試験なんて聞いたこともありません。初めて夏安居に出た時から積み重なってきた小さな引っ掛かりが、「なんで？　なんで？」と膨らみます。

なんで、ゴールに向かう教えじゃないの？　なんで、一生懸命勉強して手に入れる、知識や教養のような教えじゃないの？　なんで、落とすための試験じゃないの？

どんどん、仏教に引き込まれていきました。

人生の種明かし

そして、もっと仏教について知りたい！　と、日本に帰ってきた翌年の春から、大学で聴講生として学び始めました。

正直な話をすると、知りたい、だけじゃなかったのです。必要だったのです。

何が必要だったかというと、「浄邦縁熟して、調達、闍世をして逆害を興ぜしむ」と、世間でいわれる悲劇を、大事な縁として受け止められた事実です。韋提希と同じ苦悩を抱えていたとはいえません。けれども、苦悩のど真ん中にいた私にとって、その事実は救いであると同時に、拠り所でもありました。必要だったのです。親鸞さんに、そのような受け止め方をさせた教えが、私には切実に必要だったのです。

大学では『真宗聖典』という本を常に使います。お経さんの他に親鸞さんの著書などが収録されていて、盛りだくさんの内容。ハッキリいって、オトクです。まぁ、損得の話じゃないですが。

その本を手にして、お経さんに説かれていることや、親鸞さんの受け止めを読んで、心底、驚きました。「え？　なんで、うちのこと知ってはるん？」と。

それは不思議な感覚でした。アメリカ生活で経験したこと、そこで気づかされたこと、漠然と感じていたことが、キチッとした言葉で理路整然と目の前に並んでいたのです。まるでそれは、問題集についてくる解答集のようで、答え合わせをしているような感覚に陥ったのです。「ここには、全ての答えがある‼」。

言葉を変えれば、それは人生の種明かしでした。人生の種明かしって、わかるようでわからない言葉ですが、先日観た映画が正にこれで、「こういうことだったのか！」と、私自身、納得したことがありました。実は四年前から『毎日新聞』さんで映画コラムを連載しているので、大量の映画を観ています。先日観た映画は、終了間際の一五分で、根本的なところからひっくり返る衝撃の内容。映画会社さんから送られてきたサンプルDVDを自宅で観ていた私は、思わず観返してしまいました。結末を知った後ですから、いわば種明かしされた状態です。するとと、面白さはそのままですが、一回目と同じようには観られないのです。まったく別の物語になっているのです。なぜなら答えを知っているので、登場人物たちの会話も仕草も、全てが別の意味を持つのです。あぁ、こういうことだったのかと。

仏教によって気づかされた、人生の種明かしも同じだと思うのです。起こる出来事、置かれた状況、それらの事実は変わりませんし変えられませんが、種明かしによって、その全てが別の意味を持つのです。

たとえば、お見合いが嫌でアメリカに家出をしたこと。これは、私には出て行くだけの正当な理由がある、正義があると思っていました。けれども両親にも両親の価値観での正当な理由があったのです。お互いがお互いの価値観を握りしめ、それによってぶつかり合っていたのです。

アメリカで生きていくために、色々な仕事をしたこと。そして、他人を蹴落としてまで、がむしゃらに働いたこと。一ドルでも多くのチップ欲しさにテーブルを取り合うなんて恥ずかしいことですが、私には正当な理由がありました。英語も流暢に話せない、家族もいない、お金もない、私は社会的弱者だからがむしゃらに働くしかないんだとの思いを握りしめていたのです。

アメリカで生きて行くためのビザ欲しさにお坊さんになったことは、その最たるものです。自分にとって、これが得だ、都合がいいとの思いを握りしめ、お坊さんになったのです。お坊さんって、そういう思いを手放した存在じゃナイの？　と、自分にツッコミたい気分です。

跡継ぎだった弟が、お坊さんが嫌だといって寺を出て行ったから、日本に帰ってきたのも同じです。義理や人情といえば聞こえはいいかもしれませんが、所詮、自分を犠牲にしていい人でしょ〜と、いい子ちゃん。本人はそのつもりではなくても、自分がよかれと思ったことを握りしめていたにすぎないのです。って、書きながらでも、これはなかなか認めたくないですけどね。でも、そうなんです。ついでに言っちゃうと、いい人だと評価されたい私もいるんです。きっと。

ぜ〜んぶ、自分が握りしめていたんです。自分の都合、価値観、正義、それらは私の

「思い」です。お坊さんって、そういう思いを手放した存在じゃナイの？　というのも、私の勝手な思いです。実際はお坊さんであろうがなかろうが、手放したくても、手放せないのです。

もっといえば、手放す必要もないのかもしれません。ただ、自分の思いを握りしめていることを知っているのと、知らないのとでは大きな違いがあるのではないでしょうか？

私を仏教に引き込んだ数々の「なんで？」との問い。なんで、ゴールに向かう教えじゃないの？　なんで、一生懸命勉強して手に入れる、知識や教養のような教えじゃないの？　なんで、落とすための試験じゃないの？

ゴールに向かう教えって、当たり前のことかもしれません。仏教が仏になる教えだとしたら、ゴールは仏です。では、そのゴールに向かって進んだとしましょう。勉強して、修行もして、どんどん進みます。何なら先に始めていた先輩も、追い抜いちゃいます。すると、どうでしょうか。「私、イケてる！」との思いが、わき上がってくるのではないでしょうか？

反対に、後輩に抜かれたらどうでしょう。「あぁ、まだまだアカン」と、卑下するような思いが出てきます。これらの感情は意識して出すものじゃないのです。自然にわき上がってくる思いです。

で、どうでしょう？　もしこれが、「仏すごろく」だったら。

先輩を見下したり、自分で自分を否定したりした瞬間に、「振出しに戻る」です。それに、ゴールだと思っているそれ、本当にゴール？　自分の思いで描いた仏を目指したところで、それって、本当に仏？

教えが一生懸命勉強して手に入れる、知識や教養ではないのも同じ理由です。一生懸命は素晴らしいことです。素晴らしいことだから、指摘するのは憚《はばか》られますが、一生懸命って何に一生懸命？　自分の思いですよね。落とすための試験じゃないのも、そうです。何を基準に落とし、何を基準に合格とするのか。試験の主催者の思いです。

そう、ぜ～んぶ、思いなんです。自分の思いで、自分が苦しんでいるのです。そして、仏教の種明かしによって知らされるのは、そんな自分の思いをも包み込む広い世界があるということです。つまり、自分の思い、都合、もっといえばソロバンを弾くこと、それらは行き詰まることがあります。けれども、行き詰まっているのは、自分の思い。この道も、あの道も行き詰まったと思うけれど、行き詰まっているのは、自分の思いなんです。道は必ず、あります。

そして、もうひとつ。この本に書いてきたこと、お見合いが嫌で家出したとかね、本当はこんなこと人さまに言う話じゃないんです。ハッキリ言って、家の恥。墓場まで持って行くような話です。って、今さらですが。それだけじゃなく、こうして書いていると、思い出したくもないことまでもが色々と思い出されます。すると身は正直で、パソコンのキーボードを打つ指が進まなくなります。それでも無理をして書き進めていくと、言葉は悪いですが、腸が煮えくり返るような思いが込み上げてきます。

悲しいこと、辛いこと、苦しいこと、腹が立つぅ〜との思いは決してなくなりません。起こった事実は変わらないし、変えられません。けれども、過去の全てが大切なことだったのです。私にとっては不都合な問題でも、大切な問題。そして、その不都合な出来事の、どれかひとつが欠けても、今の私はいないということ。無駄なことなど何ひとつないのです。それが人生の種明かしによって、私が知らされたことです。

居場所は「今、ここ」に

では、日本に帰ってから一〇年。つまり、冬の日本海に頭から放り込まれたような状況から一〇年。今、どうなん？　ぶっちゃけ、お坊さんになってハッピーなの？

正直、ハッピーかどうかわかりません。この一〇年の間に四回、サンフランシスコに行きました。向こうで撮った写真を見た日本に住む友人たちは、日本にいる時と表情がまったく違う、生き生きしてると言います。自分でも、そう思います。腹を割って話せる友人は、日本よりもアメリカに多くいます。くだらないことかもしれません。そんなことと思われるかもしれません。けれども、華やかな着物姿の人を見かけると、いいなぁと思う私がいます。今ではすっかり着る機会がなくなり、お坊さんが着る黒い法衣ばかりです。

では、アメリカに帰りたいのか？　といえば、答えはNOです。

二九歳でアメリカに家出をし、一〇年近く暮らした時間。出会った人たち。色々ありました。気づかされた自分の卑しさ、弱さ、そして強さ、優しさ。

アメリカでの私がなければ、今の私はいません。お坊さんにもなっていないし、ましてや寺を継ごうと思う私は存在していません。渡米当初の私が意図したことではないですが、私にとって必要な時間だったのです。

そして今、私には居場所があります。尽くしていく場所があるのに、アメリカの方が楽しいからと帰るのは、逃げるだけでなく、自分の人生を放棄すること。だからNOなのです。

「心身共に健やかに」という言葉がありますが、お経さんでは「心身」は「身」を先に書いて「身心」（「身心柔軟」、『仏説無量寿経《ぶっせつむりょうじゅきょう》』より）と表します。どういうことかというと、「身の置き所が定まる」という言葉があるように、「身」が定まれば「心」も定まるのです。「身」が定まらないと、「心」は「そんな気がする～」と、ふらふら動くのです。

友達だってそうですよね。無二の親友だと思っていた人でも、何かの拍子に「あんな人とは思わへんかった。もう一生、口をきかへんッ」と思うこともあるのです。

そうかと思うと、その人から旅行のお土産でも貰うと「そうは言うても、あの人もええとこあるんよ～」と簡単に変わる。

変わったのは私の都合。いい人は、私の都合にいい人。悪い人は、私の都合に悪い人。

私の都合で、心はあっちにふらふら、こっちにふらふら。けれども身の置き所が定まると、心も定まります。

私は、身の置き所がなかったのです。自分が生まれ育った場所ですが、耳が聞こえなくなるほど追い込まれ、そこに居場所がなかった。だから居場所を求めて、アメリカに行ったのです。けれども不思議なもので、逃げ出した場所が、今、私の大切な居場所になっています。

居場所は、どこかにあるのではないのです。「縁が熟したから」、逃げ出したいような場所になり、「縁が熟したから」、私が尽くしていける場所になったのです。私が努力したから、居場所になったのではないのです。

こんなことをいうと、お叱りを受けそうですが……。ふと思うことがあります。

「え？　うちがお坊さんかぁ～」と。

何を今さらと思われるかもしれません。けれども日本に帰って一〇年近く経っても、自分がお坊さんだということに自分でも驚くことがあります。それほど想像できなかった未来に、今、私はいるのです。当然、夢みた将来でも、望んだ結果でもありません。

救いとは、自分の願いが叶うこと、物事が自分の望み通りになることではないのです。

アメリカ生活で行き詰まり、ひとり自分の部屋で泣いたことが何度もあります。正直にいうと、あれは泣くというものではなく慟哭《どうこく》でした。絶望の底で、身をよじって泣いた。この世に、神も仏もいないのかと毒づいた。

けれども今、あの時に私が願ったことを思い返すと、私は自分の望みを叶えてくれと願っていたのです。今、手にしていないものを、この手にくれと願っていたにすぎないのです。そのために、気合、根性、努力を尽くして、尽くし切っても、どうしても手に入らない時、神も仏もいないと神や仏までも罵った。けれども結局のところ、私が願ったことは、私の欲を叶えてくれ、満たしてくれということ。たとえ叶ったとしても、欲は次から次へと溢れてきます。

今、私がお坊さんだということ。実家の寺の住職を勤めていること。これは、思ってもいなかったことです。けれども、その思ってもいなかったことの中にも、道はあるのです。私が私として尽くしていける、道があるのです。これが、私が出遇った救いです。

それは、私がお坊さんになって、大学で勉強して、そして自分を犠牲にしてまで日本に帰ってくるような優しい人だから、出遇うことができた救いではないのです。自分の都合にいいからとお坊さんになり、自分が救われたいと自分の都合で学び、そして救世主ヅラをしていることにも気づいていないダメダメな私が、ダメダメなままで救われていくのです。自分の都合という狭い私の思いを超えた、救いです。

今がどんなに悲しくても、苦しくても、辛くても。道は、あります。大丈夫です。

◆教訓

家出と出家は似て非なるもの。世間の中で彷徨う家出に対し、出家は世間のあり方から出ることをいう。

浄土も同じである。世間の価値観や自分の都合を基準にしていれば地獄のような場も、世間を超えた世界に触れることで転ぜられる。固く冷たい氷が、日光によって水に転じるように。地獄のような場が、大事な居場所に変えられるのだ。

おわりに

二〇一〇年八月一五日、サンフランシスコ国際空港。出発ロビーで私の携帯電話は、着信音が鳴り続けていました。日本に帰る前に一言をと、友人たちがかけてきてくれたのです。けれども電話が相次いで、全てに出ることができません。伝言の数だけが、小さな画面に増えていきます。残されたメッセージが気になりますが、搭乗案内のアナウンスにせかされます。もう、時間がありません。心残りでしたが、指先に力を込めて電源を切りました。

そうして向かった通路。大きな窓からは、外の景色が見えました。これから乗るジャンボ機がどっしりと、そしてそれを支える大地。あぁ、私も支えられていたんだと。このアメリカという大地に、そして出会った多くの人たちに支えられて、今までこの国で生きることができたんだと。決して楽しいことばかりではなく、辛く厳しいことも多かった。けれども、私が生き抜くことができたのは、支えてくれた人たちがいたから。ひとりじゃなかった。鼻の奥がツンとして、涙がこぼれます。どこの誰だかわからない私を受け入れ、支え、そして育ててくれた、この広大な大地に、そこに生きる人たちに。ありがとう。霧の多い夏のサンフランシスコ。なのに今日はめずらしく、空の青さが眩しい。

「Special Thanks!!」としてこの後にお名前を挙げさせていただきました。言葉は悪いですが、私にとって都合のいい人たちです。私を認め、応援してくださる方たちだから、「おかげ」でと素直に感謝ができるのです。残念ながら、都合の悪い人には感謝できません。弟の「せい」ではなく「おかげ」で日本に帰ってきたと思うぞと誓いましたが、正直、感謝はできないのです。

しかし、僧侶として京都に住んでいる今の私は、弟の「おかげ」で存在しているのです。それが、事実です。その事実に気づかされた時、周りにいる人たちや自分自身、置かれている環境、過去までもが変わりました。全てが、かけがえのない大事なものとして輝き始めたのです。無駄なことなど、何もないのですね。

これからの歩みが、これからの未来と、そして過去であるこれまでをもつくるのです。

さぁ、一歩を踏み出しましょう。ご一緒に！

若葉眩しい京都にて

英月

Special Thanks!!

浄土真宗本願寺派、元北米開教総長・小杭好臣先生。同じく、梅津廣道先生。浄土真宗センターの桑原浄信先生、畑中阿難先生。米国仏教団事務局長のMichael Endo先生。

「写経の会」の幹事を長く務めてくださったNosuke Akiyama, Takeshi Kinoshita。同会がサンフランシスコからバークレーに会場変更後に幹事を務めてくださっている、SママことSumi Hirose, Kiyoe Nakazawa, Mayumi Schroeder, Noriko Shiota Slusser。

正解としての「答え」を探し、握りたがる私に「問い」を持ち続けることの大切さを、そして私自身がどう教えを聞いたのかと、立ち止まらせてくださる、大谷大学の一楽真教授。

「英月を守る会」なるものをつくり、お心にかけてくださっている同じ佛光寺派の僧侶の方々。

ご門徒さんの〝ため〟にと思って帰国した私を温かく迎え、逆に大行寺の〝ため〟に、住職としても未熟な私の〝ため〟にと、応援してくださっているご門徒の皆さんと両親。

幻冬舎の、のぞみーさん（私は尊敬と親愛を込めて、楊木希さんをこう呼ばせていただいています）。彼女の忍耐強いサポートと、的確なアドバイスがなければ、とても書き切ることはできませんでした。

そして、この本をお手に取ってくださった方。皆さん、ありがとうございます。

本書は書き下ろしです。

〈著者紹介〉
英月（えいげつ）
京都市生まれ。真宗佛光寺派長谷山北ノ院大行寺住職。銀行員になるが35回以上ものお見合いに失敗し、家出をしてアメリカへ。そこでテレビCMに出演し、ラジオのパーソナリティなどを務めた。帰国後に大行寺で始めた「写経の会」「法話会」には、全国から多くの参拝者が集まる。『毎日新聞』にて映画コラムを連載。情報報道番組コメンテーター。著書に、『あなたがあなたのままで輝くためのほんの少しの心がけ』（2014年、日経BP社）、『そのお悩み、親鸞さんが解決してくれます』（2018年、春秋社）、共著に『小さな心から抜け出す お坊さんの1日1分説法』（2013年、永岡書店）、『VS仏教』（2019年、トゥーヴァージンズ）がある。

お見合い35回にうんざりして
アメリカに家出して僧侶になって帰ってきました。

2020年5月30日　第1刷発行

著　者　英月
発行人　見城 徹
編集人　菊地朱雅子
編集者　楊木 希

発行所　株式会社 幻冬舎
〒151-0051 東京都渋谷区千駄ヶ谷4-9-7
電話：03(5411)6211(編集)
　　　03(5411)6222(営業)
振替：00120-8-767643

印刷・製本所　中央精版印刷株式会社

Printed in Japan
ISBN978-4-344-03611-6 C0095
幻冬舎ホームページアドレス　https://www.gentosha.co.jp/

この本に関するご意見・ご感想をメールでお寄せいただく場合は、
comment@gentosha.co.jpまで。